DE$PERTE A MULHER RICA QUE EXISTE EM VOCÊ

Caro(a) leitor(a),

Queremos saber sua opinião sobre nossos livros.

Após a leitura, siga-nos no **linkedin.com/company/editora-gente**,
no TikTok **@editoragente** e no Instagram **@editoragente**
e visite-nos no site **www.editoragente.com.br**.

Cadastre-se e contribua com sugestões, críticas ou elogios.

KÊNIA GAMA

PREFÁCIO DE ELAINNE OURIVES

DE$PERTE A MULHER RICA QUE EXISTE EM VOCÊ

O segredo da mulher que trouxe prosperidade
e riqueza para mais de 37 mil mulheres

Diretora
Rosely Boschini

Gerente Editorial Sênior
Rosângela de Araujo Pinheiro Barbosa

Editora Pleno
Juliana Rodrigues de Queiroz

Assistente Editorial
Fernanda Costa

Produção Gráfica
Fábio Esteves

Preparação
Ricardo Lellis

Capa
Bruno Miranda | Cavalo-Marinho
Estúdio Criativo

Foto de Capa
Victor Moura

Projeto Gráfico
Gisele Baptista de Oliveira

Diagramação
Renata Zucchini

Revisão
Wélida Muniz

Impressão
Gráfica Assahi

Copyright © 2023 by Kênia Gama
Todos os direitos desta edição
são reservados à Editora Gente.
Rua Natingui, 379 – Vila Madalena
São Paulo, SP – CEP 05435-000
Telefone: (11) 3670-2500
Site: www.editoragente.com.br
E-mail: gente@editoragente.com.br

Dados Internacionais de Catalogação na Publicação (CIP)
Angélica Ilacqua CRB-8/7057

Gama, Kênia
    Desperte a mulher rica que existe em você : o segredo da mulher que trouxe prosperidade e riqueza para mais de 37 mil mulheres / Kênia Gama. – São Paulo : Editora Gente, 2023.
    192 p.

ISBN 978-65-5544-276-2

1. Desenvolvimento pessoal I. Título

23-5604

CDD 158.1

Índice para catálogo sistemático:
1. Desenvolvimento pessoal

Nota da Publisher

É muito difícil alcançar a prosperidade, sobretudo em um país em que muitos sequer conquistaram a liberdade financeira, e essa dificuldade é maior para as mulheres, que enfrentam desafios dobrados em todas as esferas, e buscam enfrentá-los com perfeição.

Kênia Gama, autora best-seller da casa e exemplo de mulher determinada e próspera, já nos ajudou a lidar com parte desse problema no seu primeiro livro, *Desperte a mulher brilhante que existe em você*. Agora, ela retorna com mais um conteúdo essencial em *Desperte a mulher rica que existe em você*, no qual nos ensina as bases para alcançar uma vida próspera – e mantê-la assim – por meio de mudanças de mentalidade e ações que podemos colocar em prática desde já.

Este livro é um presente da autora para todas nós. Chegou o momento de alcançar a vida que você sempre sonhou, e ela está apenas a uma leitura de distância. Você está pronta?

Rosely Boschini
CEO e Publisher da Editora Gente

Dedico este livro a mais de
1 milhão de mulheres que me
seguem e consomem meus
conteúdos, cursos e eventos.
Se vocês acreditam e depositam
em mim a confiança de inspirar
vocês, eu também me esforço
do lado de cá para, de fato,
mudar positivamente a história
e o futuro de cada uma.

Dedico também a todas as
mulheres que desejam melhorar
suas vidas e serem independentes
emocional e financeiramente.
Por meio de vocês, vejo meu
propósito e minha missão serem
cumpridos.

Dedico a cada mulher brilhante
que faz parte de uma constelação
e brilha todos os dias, iluminando
a vida de outra mulher e
compondo o maior movimento de
empreendedorismo do Brasil,
o Mulher Brilhante. Você é parte
de um todo, o todo não existe
sem você.

Que sua prosperidade continue
levando mais e mais prosperidade
para outras pessoas!

Agradecimentos

Quando chega o momento de fazer os agradecimentos sobre algo, uma sensação quase indescritível é sentida. De forma paradoxal, um filme passa em nossa mente em um piscar de olhos e, ao mesmo tempo, em câmera lenta. São dezenas ou centenas de lembranças em frações de segundos. É impressionante.

Lembramos de momentos felizes e outros difíceis; de convivências complicadas e de outras amigáveis, confiáveis e amorosas; acompanhados sempre das mais diversas emoções, boas e ruins. De momentos nos quais gostaríamos de não lembrar, mas que, no final da jornada, passamos a entender a importância que tiveram em nossa caminhada.

Ter a possibilidade de recorrer a alguém no momento de dificuldade e pedir conselhos, ajuda ou até mesmo um abraço e saber que teremos acolhimento é algo que não tem preço. Já precisei e preciso inúmeras vezes, a cada dia, e sempre tem quem nunca deixou de estar lá, Deus...

Como não agradecer a Ele? Sim, agradeço em primeiro lugar ao meu Pai, o Autor da vida e Dono de toda prosperidade, do ouro e da prata.

Em muitos momentos, me senti sozinha, perdida, mas jamais desamparada. Sei de onde provém todo o meu conhecimento, minha força, minha motivação. Obrigada, Deus, por estar comigo em todos os momentos e por ser minha fonte de inspiração para concretizar mais este livro.

A Deus toda honra e toda Glória. Que eu diminua e que Ele cresça. Quanto mais eu aprendo com os homens, seja por meio de livros e mentorias, mais eu vejo que já estava tudo escrito.

Agradeço aos meus pais, que lutaram para que eu tivesse uma vida melhor que a deles.

Agradeço aos meus filhos, que me deram a motivação de crescer e proporcionar a eles uma outra visão.

Agradeço e honro a mim mesma, que jamais desisti em meio a tantos desafios, e escrever este livro foi um deles.

Por fim, agradeço a todos que, de alguma maneira, se envolveram para a realização desta obra: família, equipe e editora. Ninguém faz nada relevante sozinho.

Sumário

PREFÁCIO   **15**

INTRODUÇÃO   **21**

CAPÍTULO 1 A HISTÓRIA DE UMA
MULHER PRÓSPERA **28**

CAPÍTULO 2 POR QUE RIQUEZA E DINHEIRO DEVEM
FAZER PARTE DO SEU DIA A DIA **42**

CAPÍTULO 3 FILHO DE POBRE, POBRE É **56**

CAPÍTULO 4 DINHEIRO CHAMA DINHEIRO **80**

CAPÍTULO 5 RECEITA PARA A RIQUEZA **96**

CAPÍTULO 6 DINHEIRO E O ECOSSISTEMA **112**

CAPÍTULO 7 O TRABALHO NÃO
DIGNIFICA O HOMEM **128**

CAPÍTULO 8 CRENÇAS LIMITANTES NÃO RESISTEM
A RESULTADOS CONCRETOS **140**

CAPÍTULO 9 PRINCÍPIOS QUE APROXIMAM
VOCÊ DA RIQUEZA **154**

CAPÍTULO 10 GIRE A RODA DA RIQUEZA **176**

CONCLUSÃO O FIM DA NOSSA JORNADA,
O COMEÇO DA SUA **188**

Prefácio

Olá! Preparada para riqueza? Se este livro escolheu você, eu, Elainne Ourives, tenho certeza de que sim. Preparada para aceitar o convite rumo a uma jornada que vai muito além de meras palavras impressas em papel? Este livro é um guia que a levará a um estado de plenitude e abundância, em que a paz se entrelaçará com saúde, felicidade, propósito e prosperidade. A missão de Kênia, minha mentora, é clara: ela quer que você tenha mais do que o suficiente, que transborde abundância em todas as áreas da sua vida, e que descubra como deixar um legado duradouro.

Para embarcar nessa jornada da melhor maneira possível, use este livro como um mapa, pois ele a conduzirá pelo território da riqueza. Você aprenderá a superar as crenças em relação ao dinheiro, entenderá que dinheiro atrai mais dinheiro, e que você precisa estar consciente para criar uma vida verdadeiramente próspera.

O livro é resultado de anos de experiência e aprendizado, não apenas de Kênia, mas também das mulheres que, assim como eu, conquistaram novos patamares de riqueza em suas vidas. Kênia reuniu as melhores lições dessa jornada para fornecer todas as ferramentas para traçar o caminho em direção à vida que você e sua família merecem.

Quando recebi o convite para escrever o prefácio, me senti muito honrada pelo e aceitei prontamente. Porém, preciso lhe contar o motivo do convite, porque este livro também vai lhe preparar para ser o que hoje eu sou e represento para o mundo.

Em primeiro lugar, sou mãe de 3 filhos e, depois desse papel incrível que exerço, sou a primeira mulher no Brasil a fazer oito dígitos no marketing digital, ou seja, mais de 10 milhões de reais em sete dias. Também sou autora best-seller, com mais de 10 milhões de livros vendidos, e a primeira mulher a faturar mais de 100 milhões em uma única plataforma digital de pagamento. Além de somar mais de 8 milhões de seguidores em minhas redes sociais. Sim, isso é incrível! Uma mulher brilhante, eu diria! Mas, poucos anos atrás, passei fome com meus filhos, precisei morar dentro do meu escritório com eles e vivi uma profunda depressão, tentando até mesmo o suicídio. Eu tinha 700 mil reais em dívidas e, para minha mente, a solução era apenas a morte. Eu morri em vida. Até que comecei reprogramar a minha mente, me tornei uma Holo Cocriadora de sonhos e, anos depois, não somente conheci a Kênia como passei a ser parte de sua mentoria. Então, essa é a minha história, eu represento cada uma de vocês. E me sinto honrada e feliz com isso.

Neste livro, você descobrirá que a riqueza não é um sonho distante, mas, sim, uma realidade tangível. E mais do que isso, a riqueza se tornará um veículo para alcançar um estado de plenitude e satisfação que irá além de seus próprios limites. Prepare-se para explorar os segredos, os desafios e os triunfos da busca pela riqueza e pelo shalom em sua vida, pois terá despertado o caminho que levará a um futuro repleto de possibilidades.

O livro discute a importância do dinheiro em nossas vidas e como muitas pessoas enfrentam problemas financeiros. Aqui, você vai aprender a como mudar de vida por meio de situações comuns, como a dificuldade de pagar contas, a necessidade de dizer "não" aos filhos devido à falta de dinheiro, a escolha de produtos mais baratos no supermercado e o ato de colocar itens no carrinho de compras on-line sem comprar de fato. Uma coisa legal que este livro ensina, e que eu não sabia naquela época de escassez e vitimização, é a ligação entre a falta de dinheiro e a dependência emocional em relacionamentos tóxicos e abusivos. Kênia argumenta que a prosperidade financeira pode proporcionar uma vida melhor e que é possível alcançá-la. Ela convida lhe convida a refletir sobre suas próprias sensações e problemas financeiros.

A prosperidade financeira começa com uma mentalidade de abundância e autovalorização, então, antes mesmo de aumentar sua renda, é preciso internalizar a prosperidade em si mesma, compreender a importância de falar sobre dinheiro e remover as crenças limitantes que podem prejudicar a relação com o dinheiro. Pensando nisso, Kênia apresenta exemplos de pessoas que transformaram suas vidas ao mudar sua mentalidade em relação ao dinheiro e destaca a influência das crenças em todas as áreas da vida. E parte mais incrível: exercícios para internalizar todo esse conhecimento e vibrar na frequência da riqueza. Uau!

Se você tem crenças limitantes sobre dinheiro, como a ideia de que ser rico não é para todos, saiba que foram enraizadas na sua infância, e elas atuam como "inquilinos indesejados" em nossa mente. Aqui, você terá sua mente totalmente reprogramada, pois cairá por terra a divisão entre coisas de ricos e de pobres, a noção de que apenas os ricos podem ganhar mais dinheiro, a associação entre riqueza e desonestidade, a ideia de que para ter dinheiro é preciso trabalhar excessivamente, a estigmatização dos "filhinhos de papai" e a crença de que dinheiro não traz felicidade. A riqueza está ao alcance de todos, desde que você desenvolva uma mentalidade financeira adequada e entenda que o dinheiro não muda quem somos, apenas amplifica nossas características existentes.

Estas páginas reforçaram a sua fé ao enfatizarem que a riqueza não afasta as pessoas de Deus, essa é uma crença equivocada e, na realidade, a riqueza pode ser usada para realizar boas ações e promover o bem. A escassez no mundo é uma falácia, a riqueza é infinita, o verdadeiro problema está na má distribuição. O livro menciona exemplos históricos e bíblicos de pessoas ricas que usaram sua prosperidade para ajudar os outros, e deixa claro que a riqueza pode ser usada para criar oportunidades e solucionar problemas, desde que suas ações sejam feitas com sabedoria e responsabilidade.

Kênia vai lhe ensinar o caminho em direção à prosperidade financeira e à realização de sonhos, destacando a importância de criar riqueza não apenas para benefício próprio, mas também como uma poderosa ferramenta para fazer a diferença na sociedade, pois a verdadeira riqueza está na capacidade de ajudar os outros e contribuir para um mundo melhor. Um mundo de infinitas possibilidades de riqueza!

Sua nova vida começa com a compreensão de que, ao construir sua própria prosperidade, você terá mais recursos para impactar positivamente a vida das pessoas ao seu redor, pois vai entender que a liberdade financeira pode ser alcançada por meio do planejamento financeiro inteligente e da criação de fontes de renda adicionais. Você aprenderá a fazer seu dinheiro trabalhar para você e a investir em seu crescimento pessoal, pois descobrirá que a verdadeira riqueza não é apenas o acúmulo de bens materiais, mas também a capacidade de tornar o mundo um lugar melhor.

Este livro é uma viagem rumo à conquista de uma vida financeiramente próspera e vai lhe ajudar a transformar seus sonhos em realidade e, ao fazer isso, criar um impacto positivo duradouro na sociedade e na vida daqueles ao seu redor. Você vai se inspirar e se sentir capacitada a buscar sua própria prosperidade financeira e a contribuir para um mundo mais rico e generoso. Kênia irá lhe encorajar a aproveitar a oportunidade de refletir sobre sua própria jornada em busca da riqueza e da prosperidade e o mais incrível, no final de cada capítulo, você sairá desta leitura com a mentalidade fortalecida.

Eu já despertei a mulher rica que existe em mim e você?

Bem-vinda a sua nova vida!

Elainne Ourives é autora best-seller, mentora, cocriadora e uma mulher brilhante!

Introdução

Você já ouviu falar sobre a história da esmola de um rei rico? Na minha percepção, ela ilustra perfeitamente o modo como eu gostaria que você iniciasse sua jornada neste livro.

A HISTÓRIA DA ESMOLA DE UM REI RICO

Em um reino distante, o rei fazia uma inspeção ao redor do castelo, supervisionando o andamento dos seus decretos. Era um costume antigo, e ele fazia isso de tempos em tempos para verificar o progresso de tudo que passava para os seus súditos.

Nesse dia, tudo se encaminhava muito bem até que um homem, gritando e pedindo por misericórdia, se jogou em frente à sua carruagem e falou para o rei que sua família se encontrava em uma situação muito ruim, a filha estava doente e todos passavam necessidades, tinham fome e faltava meios para conseguirem sobreviver adequadamente. Preocupados com a aparição e com a abordagem do homem, os guardas do rei o pegaram pelo braço e o arrastaram para longe, gritando e usando a força para afastá-lo, afinal, era uma afronta dirigir-se ao rei daquela maneira. Enquanto isso, o homem continuou gritando:

— Majestade, majestade, preciso somente que me dê o suficiente para que minha família não pereça — disse o homem desesperado.

O rei ordenou que o soltassem, desceu da carruagem e ofereceu uma moeda de ouro. Ele, muito feliz e grato, beijou sua mão, agradeceu e foi embora para sua casa, chorando de emoção por ter percebido o tamanho da generosidade do líder.

Surpreso, o conselheiro, também conhecido como a mão do rei, perguntou ao soberano por que ele dera uma moeda de ouro, já que poderia ter oferecido uma de prata, de bronze ou até mesmo enviar suprimentos e remédios para a família do súdito. O rei, então, respondeu:

— O pedido dele estava à altura de tal feito, mas a generosidade de um rei não pode ser menos do que uma moeda de ouro.

Sabe qual é a conclusão dessa história? A ideia que temos sobre a riqueza, incluindo a nossa generosidade, é do tamanho daquilo que desfrutamos e vivemos. E a verdade é que ninguém dá aquilo que não tem. Isso é impossível e improvável!

Sendo assim, aqui, neste livro, quero que você consiga acessar o shalom em sua vida, ou a paz que traz saúde, felicidade, propósito e plenitude. Quero que você consiga ter mais do que o bastante, mais do que o suficiente. Quero que transborde em todas as áreas de sua vida. Afinal, você nasceu para ser feliz, saudável e próspera, e sua missão vai além: quero que você deixe um legado.

Para que possa, portanto, aproveitar da melhor maneira essa jornada, aqui neste livro falaremos como você pode – e deve! – incluir a riqueza em seu dia a dia. Abordaremos, também, as suas crenças em relação ao dinheiro e como você fará para deixá-las no passado; ajudaremos a entender que dinheiro atrai dinheiro e – você precisa estar ciente disso para que a sua vida tenha muita riqueza – como funciona o ecossistema do dinheiro e quais são os pilares que o sustentam. Trarei ainda quais são as características mais comuns de uma pessoa rica e como é possível incorporá-las em seu dia a dia, qual é a diferença entre riqueza e prosperidade e como fazer a aplicação prática da riqueza em sua vida.

Ao longo dos anos, e em minha experiência com mulheres que conseguem atingir novos patamares de riqueza, reuni o que há de melhor em minha jornada e na delas. Assim, aqui neste livro, separei as mais pertinentes para que você tenha todas as ferramentas necessárias para sair dessa jornada com a certeza do que precisa ser feito para que possa construir a vida que você e a sua família merecem.

Exercícios

Antes de seguirmos para o próximo capítulo, quero que você pare um momento e faça dois exercícios. O primeiro deles é para que se comprometa com a vida próspera que está prestes a conquistar. Preencha abaixo as informações para fazer uma promessa a si mesma de avançar e evoluir sempre em direção à riqueza.

Carta de comprometimento pessoal

(Cidade) ...., (dia) .... de (mês) .... de (ano) ....

A vida é um presente valioso, repleto de oportunidades e desafios. Cada novo dia nos traz a chance de crescer, aprender e prosperar em todas as áreas de nossa vida. E é justamente com esse desejo de prosperidade que, hoje, me comprometo.
Eu, ...,
assumo a responsabilidade de construir uma vida próspera e plena. Para isso, comprometo-me a adotar atitudes e práticas que fortaleçam o meu caminho rumo à riqueza. Sempre buscarei conhecimento e aprendizado, pois eles são as chaves para o crescimento pessoal e profissional. Planejarei meus gastos, investirei em meu futuro e contribuirei com causas que considero importantes para a sociedade. Hoje, sei a importância de doar para receber.
Com esse compromisso firmado, estou confiante de que a vida próspera que almejo estará ao meu alcance. Cada passo dado em direção a esse objetivo será uma vitória em si mesmo.
Como parte do meu compromisso, prometo terminar a leitura deste livro e aplicar os aprendizados adquiridos.

Com carinho e determinação,
(Seu nome) ....

MURAL DA VIDA PRÓSPERA

Agora que você já se comprometeu com a vida maravilhosa que merece ter e que construirá a partir de agora, chegou o momento de fazermos o principal exercício deste livro: o mural da vida próspera. Nas páginas a seguir, quero que você utilize os espaços para colocar seus insights e fazer seu mural. Vamos ver como?

Pare um momento, feche os olhos e imagine a vida dos sonhos que gostaria de ter. Imagine que está vivendo o seu melhor, que está cheia de saúde, ao lado de sua família, na casa de seus sonhos, com a conta bancária dos sonhos, o carro dos sonhos e tudo aquilo que sempre quis. Ao abrir os olhos, quero que anote todos os detalhes do que sonhou.

Agora, feche os olhos e abra somente depois da visualização.

Registre aqui tudo o que viu, sentiu, ouviu ou imaginou.

Os meus sonhos são:

1. ....
2. ....
3. ....
4. ....
5. ....
6. ....
7. ....
8. ....
9. ....
10. ....

Agora que você tem os sonhos anotados, chegou a hora de montar seu mural da vida próspera. Para isso, você transformará seus sonhos em imagens que representem tudo o que sonhou. Podem ser fotos, ilustrações, figuras, colagens, tudo o que fizer sentido e represente o que você mais quer em sua vida.

Na próxima página, separei um espaço para que você possa colar ou desenhar aqui e transformar esse espaço em seu mural. Se possível, a ideia é que você o visualize todos os dias para sempre estar em estado de visualização.

Ao longo da leitura, caso queira acrescentar mais detalhes, fique à vontade. Neste espaço, minha proposta é que você expanda limites e conceitos sobre prosperidade, então será mais do que natural que queira mexer em algo do seu mural.

Por fim, minha sugestão é que você também separe um espaço em um caderno de anotações para colocar os insights que terá aqui comigo durante esta jornada. Não existe nada mais poderoso do que aquilo que aprendemos e imaginamos quando estamos em contato com o novo. Então, aproveite este momento e vamos juntas para o próximo capítulo.

Vejo você na próxima página!

Mural da vida próspera

CAPÍTULO 1

A história de uma mulher próspera

Em um belo dia, nasceu uma criança em uma família que morava na periferia. Ela já era a quarta filha do casal. Os pais, nordestinos, haviam migrado para a cidade grande para "tentar melhorar de vida"; contudo, as coisas eram difíceis para a família toda.

O nascimento da menina veio em um momento não só de dificuldade financeira, mas também emocional. Sua mãe havia descoberto uma doença crônica, e os médicos disseram que continuar com aquela gravidez era muito arriscado. Ainda assim, sem o apoio dos médicos e com uma decisão que só ela poderia tomar, decidiu levar adiante a gestação, pois dentro dela havia uma certeza genuína, uma fé inquestionável de que esse era o melhor caminho a ser seguido. Ela confiava em um Deus soberano e sabia que Ele era o autor da vida, então decidiu confiar nos desígnios Dele.

A menina nasceu saudável, mas com baixo índice de cálcio, baixo peso e em uma época bem difícil para todos, porque ali, para se comprar um saquinho de leite, as filas eram gigantescas por conta da inflação que tomava conta do país. A "mistura" do almoço e do jantar, ou seja, a carne consumida pela família, era algo que se conseguia com muito sacrifício para alimentar seis pessoas.

Chegar um quarto filho para aquele casal era algo que os faria trabalhar em dobro, e, como pais dedicados que eram, davam sempre o seu melhor. Contrariando os médicos, que diziam que aquela criança poderia nascer com alguma anomalia e, por isso, a mãe deveria interromper a gravidez, ela nasceu perfeita e se desenvolvia também com perfeição.

Durante o período escolar, a garota mostrou uma determinação acima da média. Dedicava-se aos estudos e tinha dentro de si uma fé por dias melhores. Mesmo crescendo em um ambiente humilde, convivendo em uma comunidade sem asfalto, com drogas e violência por toda parte e em um local em que a escassez era a única forma de vida conhecida, ela nunca se revoltou contra Deus, não reclamava de nada e muito menos dos pais. Ao contrário, era grata pela família que tinha e pelo esforço que via a mãe e o pai fazerem para lhe dar o máximo que conseguiam.

Enquanto isso, em outra família, crescia um jovem com muitas expectativas de um futuro diferente do que já vivia. Ele se chamava André e, diferentemente da protagonista da história anterior, sempre desejou ter uma família e morar em uma casa grande. Em seu coração existia a vontade de ser rico, pois olhava as revistas *Quatro Rodas*, com carros importados, e sonhava com um futuro brilhante. A realidade imposta a ele dia após dia, no entanto, era desmotivadora e fazia desse sonho algo distante.

Com pais separados e mudando-se constantemente de casa, ele projetava suas vontades de ter carros importados em seus carrinhos de brinquedo. Em alguns momentos, falava para si mesmo que era besteira olhar aquelas páginas de revista, pois sentia que sua realidade jamais mudaria para que ele tivesse condições de adquirir um modelo daqueles. Na verdade, ele não entendia nada sobre o mundo das riquezas, dos negócios, nem imaginava a possibilidade de um trabalho que não fosse uma contratação em regime CLT ou em um concurso público. Vislumbrar um caminho para realizar seus sonhos era algo bem distante.

Mas Deus sabe de tudo e fez André cruzar o caminho de Kênia, nossa menina humilde que sempre se esforçou. Eles se conheceram e se apaixonaram perdidamente. Meses depois, aos 17 anos, Kênia estava grávida do jovem André e, em seguida, dava à luz sua primeira filha, Bárbara. Ali nascia uma nova forma de amar, uma certeza de que a vida era maior do que havia se apresentado até então e iniciava-se, também, uma nova família.

Com o coração cheio de esperança e acreditando em dias melhores, os jovens decidiram se casar e começaram a viver uma vida juntos, porém cheia de limitações e com poucos recursos. Nenhum dos dois era capaz de imaginar que ali já residia uma força transformadora que, mais tarde, mudaria completamente o rumo dessa história.

UMA ESTRELA DE BRILHO PRÓPRIO

De menina simples à protagonista da minha própria história, porém sem perder minha essência e meus valores. Essa foi a trilha que percorri e tenho orgulho imenso dela. Não foi nada fácil construir tudo isso, ainda mais porque sabia exatamente quem eu era, conhecia a minha integridade, os meus valores éticos, mas não sabia bem aonde queria chegar.

Rejeitava qualquer ideia que levasse ao enriquecimento, pois acreditava que não precisava disso. Na realidade, não queria enriquecer. Em minha jornada, sempre associei o dinheiro a algo prejudicial, até mesmo nocivo, que me afastaria de Deus, que me faria não ter saúde e tiraria a minha humildade, me deixando sem tempo para a minha família. Como essa sensação seguia em uma linha oposta a tudo o que sempre soubera existir em minha essência, conscientemente escolhia não ter mais do que o suficiente para sobreviver. E assim eu fui levando.

Após meu casamento com André, fomos morar em um local próximo à casa da família dele. Era um espaço de três cômodos que chamávamos de "barraco". Éramos muito jovens e enfrentamos nossa primeira crise, assim como tantos casais enfrentam. Não tive maturidade e equilíbrio, muito menos sabedoria, e assim os problemas foram maiores do que pude suportar.

Em determinado momento, peguei minha filha e tomei a decisão de voltar para a casa de meus pais. Foi uma decisão importante, porque ali, mesmo sem saber, eu já estava dando os primeiros passos em direção à Kênia que sou hoje.

Comecei a trabalhar dando aulas de espanhol para me sustentar e, como era mãe e tinha novas responsabilidades, adquiri uma nova visão da vida. Tudo mudou! Muito rapidamente, comecei a dar aulas em três escolas e descobri, com meu trabalho, o primeiro poder do dinheiro: *fazer escolhas.*

Amava muito o André e como esse período não foi exatamente uma separação, com o dinheiro de meu trabalho decidi que voltaria ao nosso relacionamento com a nossa filha e falaria sobre uma mudança de endereço, já que agora eu poderia ajudar com as despesas da casa. Nesse novo local, pagaríamos aluguel e a única maneira de conseguirmos isso seria se eu continuasse trabalhando. E assim aconteceu.

Nosso primeiro passo em direção ao empreendedorismo foi quando meu marido propôs abrirmos um negócio mesmo sem recursos e conhecimento. Juntos, decidimos ir em frente. Lembro-me nitidamente de quando ele falou que precisávamos nos arriscar se quiséssemos mudar de vida e criar nossos filhos longe das drogas, termos nosso carro e a casa própria. A ideia era irmos em direção contrária à violência que existia onde vivíamos.

Mas como você pode imaginar, a jornada não é fácil. Para manter a empresa funcionando e conseguir pagar as contas da casa, eu trabalhava mais de doze horas por dia e em dois empregos e, concomitantemente, me dedicava ao negócio que havíamos aberto. Nunca vou me esquecer desses momentos de dor e tristeza pela falta de dinheiro. Já precisei escolher entre pagar a conta de energia ou de água; já fiquei sem ter como pagar a escola das crianças; já precisei, inclusive, escolher entre comer ou pagar a passagem de ônibus para ir embora para casa ao fim de um dia de trabalho. E não tenho vergonha nenhuma de contar isso, é a minha história.

Na última situação que comentei, lembro-me bem do que aconteceu. Tinha pouco dinheiro e nenhuma expectativa de receber o que fosse. Quando anoiteceu, só tinha o suficiente para ir para casa, entretanto não teríamos nada para comer no dia seguinte se pegássemos o ônibus. Então decidimos dormir na empresa. Foi duro e triste. Doeu demais em nós viver aquela situação, mas no dia seguinte estávamos lá, trabalhando, com aquele nó na garganta, mas com a mesma dedicação e fé de quem acreditava que o negócio daria certo. Eu não me deixava abater, erguia a cabeça e seguia em frente.

E assim a vida continuava com muito sacrifício. A educação que queria dar aos meus filhos não era possível, pois não havia dinheiro suficiente para isso. Morávamos em cinco cômodos dividindo o espaço de sala, cozinha, dois quartos e um banheiro entre mim, meu marido e meus dois filhos. A casa era pequena, geminada e as janelas eram de ferro e minúsculas. Não tinha muita ventilação. O Davi, meu filho mais novo, vivia doente, com bronquite, pois o cheiro do quarto deles era muito forte e as paredes ficavam úmidas e mofadas. Nós também não tínhamos plano de saúde, então aquilo começou a me incomodar muito e falei para o André que precisávamos nos mudar para uma casa melhor e contratar um plano de saúde. Como você pode imaginar, tudo isso só seria possível com o aumento de renda.

Em determinado momento, tive problemas de coluna com uma hérnia de disco e, ao procurar um médico, fui orientada a trocar de colchão ou o tratamento não teria efeito. Realmente meu colchão não era dos melhores e estava bem velhinho. Para fazer essa troca, o médico fez a indicação do colchão adequado e, quando fui procurar, ele custava em torno de sete mil reais. Esse valor estava completamente fora da minha realidade, mas aqueles meus problemas de saúde e os de meus filhos, as privações de liberdade e de escolha geraram em mim a semente do desconforto com uma situação tão difícil.

Será que o dinheiro era o vilão, como eu acreditava? Ou será que ele poderia me trazer tranquilidade, noites de sono melhores, saúde e conforto para minha família? Todas essas perguntas estavam em minha cabeça, mas ainda assim eu não entendia que a raiz do sofrimento das pessoas ricas não está no dinheiro, muito pelo contrário.

O dinheiro é um excelente servo. Quando você o possui e o direciona corretamente, ele ajuda você a solucionar muitos problemas. Ele torna possível a realização de sonhos, ajuda você a cuidar melhor de seus pais, proporcionar férias inesquecíveis com sua família e fazer crescer um negócio e empregar pessoas. Ele é um agente de transformação quando bem direcionado.

O meu problema em não ter dinheiro, entretanto, ia além e estava conectado com a falta de entendimento verdadeiro sobre os princípios da prosperidade. E, dessa forma, jamais teria dinheiro para alcançar a vida próspera que vivo hoje. Essa situação continuou até que, um dia, tomei uma importante decisão que gerou uma mudança radical na maneira como pensava e vivia.

SEM A ORIENTAÇÃO CORRETA CHEGUEI A VIVER MEUS PIORES DIAS

Gosto de me definir como uma mulher que veio para empreender, aprender e compartilhar! Em outras palavras, uma mulher próspera. Sou apaixonada por despertar a prosperidade em outras mulheres. Quero que elas sejam exigentes, que cobrem as responsabilidades, mas que saibam ser generosas e amorosas na mesma proporção.

Entretanto, a Kênia de hoje demorou muito para chegar nessa autoimagem. Não tinha uma referência próxima que pudesse utilizar como espelho para uma vida próspera, fosse ela um homem ou uma mulher. Ninguém em minha família havia construído e mantido algo perto de riqueza, muito menos prosperidade financeira. E, pior que isso, eu achava que uma pessoa honesta não seria rica sem perder seus valores éticos e morais. Acreditava que ter muito dinheiro só trazia problemas para a família. Tinha sérios motivos para acreditar nisso e, sem um mentor, sem a orientação correta sobre a vida profissional e pessoal, hoje vejo quantos caminhos errados tomei. Quanto tempo, dinheiro e energia poderiam ter sido poupados.

Uma das coisas que não sabia naquela época era que a gente repete inconscientemente o que nos é passado como herança familiar. Só descobri isso anos mais tarde, estudando sobre a origem do pensamento próspero, mas o fato é que meus avós não eram pobres, muito pelo contrário. Meu avô tinha terras e era fazendeiro. Após falecer, contudo, a minha avó não soube gerir os bens que ele havia deixado e, ao lado da minha mãe e dos meus tios, além de perderem tudo, ficaram realmente pobres.

Anos depois, minha mãe, já casada com meu pai e antes de eu nascer, também vivia uma vida com certa abundância financeira. Meu pai tinha muita habilidade em ganhar dinheiro, mas, por uma falha de gestão das próprias finanças, confiava demais nas pessoas e foi traído por um funcionário até então de confiança. E assim eles acabaram perdendo tudo.

Cresci ouvindo minha mãe contar histórias sobre o dinheiro que eram criadas, única e exclusivamente, a partir das experiências vividas por ela e que trazia dolorosamente na memória. Por exemplo, ela falava sobre uma criança que chegou a passar fome após a morte do pai. Falava sobre como ter dinheiro é bom, mas que ele sempre vai embora e sofremos demais quando isso acontece. Era um repertório difícil, entretanto era o que ela tinha a partir do que tinha vivido.

Por outro lado, ela também me incentivou a trabalhar duro. Não que isso tenha sido ruim, mas o conceito por detrás disso era: para ter mais dinheiro você precisa trabalhar muito.

Anos mais tarde, estudando desenvolvimento pessoal, inteligência emocional e psicologia positiva e muitas vertentes terapêuticas, pude aos poucos entender o que nunca ninguém me ensinara: ao rejeitar o dinheiro inconscientemente, eu estava honrando a minha herança de comportamento familiar. Se meus avós e meus pais perderam tudo, é certo que eu também perderia e não teria nada.

Essa não é uma decisão consciente, é claro, mas era o *modus operandi* da minha mente inconsciente. Agia assim porque foi essa a educação que recebi, e as crenças se instalaram dessa forma em minha mente. Já tinha uma empresa quando ainda verbalizava com minhas próprias palavras que não queria ter dinheiro. Algumas frases que faziam parte do meu vocabulário em minha casa:

- Dinheiro não dá em árvore.
- Ficou rico e não fala mais com os pobres.
- Vá lavar as mãos porque pegou no dinheiro e ele é sujo.

Tudo isso era comum em meu lar e criou em meu subconsciente um arquivo que dizia que o dinheiro estava relacionado à dor, aos problemas familiares e à tristeza. Enfim, era melhor ter o suficiente para viver direitinho do que se meter a ter mais dinheiro e correr riscos constantes, viver com medo de perder tudo e ainda ter que sofrer porque ficou sem nada, certo? Lógico que não. Errado! Entretanto, veremos tudo isso ao longo do livro.

Para quem gosta da palavra sorte, posso dizer que tive uma: a inconformidade do André foi a nossa sorte, porque, sozinha, eu não teria aberto um negócio próprio. Como eu disse, quando decidimos morar de aluguel, o dinheiro era contato, e o André sempre dizia que precisávamos nos mudar daquele bairro e criar nossos filhos em um lugar melhor. Foi ele quem me convenceu a empreender para que pudéssemos ter chances de sair daquela vida tão escassa na qual faltava dinheiro todo mês e era comum estar no cheque especial. Não conseguíamos pagar a fatura inteira do cartão de crédito, tomávamos empréstimos bancários e os juros eram abusivos. Estávamos nos endividando cada vez mais. Conversar com pessoas próximas sobre isso não adiantava porque não somos um povo com informação de qualidade sobre educação financeira e, como comentei, não tínhamos pessoas bem-sucedidas por perto para nos aconselhar.

Para abrirmos a empresa, então, precisamos vender o único bem material que tínhamos na época: um Chevette. Um sócio que entraria no negócio desistiu e começamos a empresa com móveis, aluguel e computadores que se transformaram em dívidas e não em investimento, porque não tínhamos recursos financeiros nem conhecimento para amadurecer aquele negócio até que ele desse frutos.

Pegamos dinheiro emprestado de nossos pais para não deixarmos de comer e chegamos a entregar um cheque pré-datado no supermercado, sem saber se teríamos dinheiro para liquidá-lo. Aquela sensação foi horrível. Eu perdia o sono, tinha crises de choro e ansiedade e não via solução, até porque não enxergava isso como um problema real, mas sim como a vida comum de um casal empreendedor.

E sabe como tudo começou a mudar? Um dia, fui visitar uma empresa e fechei um bom contrato. Após essa primeira porta aberta, os clientes começaram a aparecer. Antes disso, estávamos quase desistindo! É desesperador dormir na empresa porque você não tem o dinheiro da passagem, ter a sensação de que a qualquer momento vai faltar comida na sua casa, trabalhar em três empregos, mais de doze horas por dia e só ver as dívidas aumentando. De fato, estávamos quase desistindo, mas esse primeiro cliente foi uma pontinha de esperança.

Talvez você esteja lendo este livro e esteja em uma situação de cansaço, ansiedade e desespero, ou talvez esteja com uma vida morna, esperando que melhorias e desafios ocorram. Prometo que, após essa leitura, os horizontes se abrirão para você. Muitas coisas te farão pensar em deixar essa leitura de lado, guardar este livro em alguma gaveta, pois sua mente vai relutar contra a riqueza. Eu só quero te dizer algo: não desista da sua prosperidade. Ela está testando sua resiliência e fé, e ela vai bater na sua porta em breve.

Após aquele primeiro contrato, aquela luz no fim do túnel, pegamos mais e mais clientes. Em algum tempo liquidamos as dívidas, alguns anos mais tarde compramos uma casa própria e começamos a proporcionar uma vida melhor para as crianças. Finalmente, nós tínhamos dinheiro.

Contudo, eu não sabia que ter dinheiro é diferente de ser próspera. Embora soubesse ganhar dinheiro e prospectar bons clientes para a empresa, não sabia administrar tudo isso na mesma proporção. Aliás, eu só pensava em trabalhar demais para não ficar sem dinheiro, esquecendo-me da minha saúde, administrando de forma irresponsável aquilo que eu ganhava. E foi assim que desci do sonho que estava vivendo direto para o fundo do poço, após fechar um ótimo contrato de vinte milhões de reais com o governo e tomar um calote de parte do pagamento.

Infelizmente, quando alguém fala em fundo do poço, a maioria das pessoas não consegue ter noção de quais emoções e sensações são acessadas ao chegar nesse lugar. Depressão, dores no corpo, insônia, ansiedade, vergonha e decepção são apenas o começo de um processo complicado e intenso em que parece que você está embaixo de uma avalanche gigante que soterra a sua vida enquanto você apenas tenta sobreviver.

O contrato era para a realização de um evento. Contratei empresas que ofereciam diversos serviços para que eles fossem nossos parceiros nessa jornada. Fiz o sinal de pagamento para esses terceirizados e a ideia era quitar o restante após receber de meu cliente, o governo. O que aconteceu foi que não recebemos o pagamento e não tínhamos uma reserva de emergência, então além de não pagar os fornecedores, quebramos a empresa com uma dívida de milhões.

Se existe uma dor forte em nossa vida é a da impotência diante das dívidas. Para mim, até hoje é muito difícil lembrar de tudo o que passei naquela época.

Todos esses problemas financeiros me abalaram muito emocionalmente. Não falava com meus fornecedores por vergonha e a situação só piorava, chegando a colocar em crise o meu casamento. Chegamos até mesmo a nos separar.

Meus filhos sofreram muito e vi minha família, que eu tanto amava e tinha orgulho em proteger, esfarelando-se na minha frente. Cheguei a ficar jogada na cama com depressão e sem energia para trabalhar ou cuidar da casa e das crianças. Foi devastador para mim! Eu quebrei em todas as áreas de minha vida e pude sentir na pele os problemas pelos quais minha mãe tanto falava que eu passaria.

O momento da virada de chave, no qual percebi que precisava reagir, aconteceu quando minha filha apareceu diante de mim com um pratinho de macarrão instantâneo dizendo que eu precisava comer. Ali entendi que precisava acordar e enxergar que aquele era o pior lugar que me permitiria chegar. Nunca mais me esqueci daquela imagem: foram os olhinhos dela cheios de amor por mim que me encheram de forças para me levantar. Mas, ainda assim, os problemas e as dívidas continuavam lá.

A ESCOLHA PELO CAMINHO DA PROSPERIDADE

A destruição leva a diferentes tipos de restauração. Cada coisa que quebra em nossa vida nos faz mudar de formas diferentes. Assim aprendi como se reergue um castelo das cinzas.

A reconciliação com o André chegou após a audiência de divórcio. Deus atua de modo sutil e inesperado, então colocou em meu caminho uma mulher que, além de ser juíza, tinha sensibilidade e amor no coração. Ela percebeu que ainda éramos um casal com possibilidade de reatar nosso casamento e perguntou aos dois se ainda existia amor entre nós. Respondemos prontamente que sim. Ela nos orientou a conversar e falou como deveríamos agir. Pediu que nos déssemos trinta dias de prazo para reerguer nossa vida conjugal. E assim foi feito. Nunca mais nos separamos, e aquele fórum se tornou uma página virada em nossas vidas.

Com meus filhos, mantive muito diálogo e amor para superar essa fase. Doei-me ainda mais para construir uma relação mais próxima com eles. Mantive a educação como sempre foi, sem terceirizar responsabilidades, e fizemos questão de trabalhar e estar presentes na vida deles o quanto podíamos, dando o nosso melhor.

Com relação à empresa, só existia uma saída: trabalhar e pagar aos poucos os fornecedores porque o processo para receber do governo poderia se arrastar por anos na justiça. Essa foi a orientação do advogado e assim fizemos. Minha sorte, se é que posso chamar assim, foi que voltei a atender aos credores e por isso eles me deram mais prazos, aceitaram negociar e levaram em consideração meu histórico de boa pagadora.

Assim, passo a passo, retomei minha caminhada. Mas não pense que, depois de todos esses tombos, aprendi sobre a importância da prosperidade. Muito pelo contrário, só sabia culpar o dinheiro pelos meus problemas, ainda achava que aquele dinheiro não recebido era a raiz de todos aqueles anos de dificuldade que estava passando e que ele era injusto.

Essa crença nociva que tomou conta da minha vida será abordada mais adiante, então caso você esteja se identificando com tudo o que vivi e estou trazendo neste capítulo, quero que fique calma porque existe um processo de cura para essa emoção. Infelizmente, não tive a mesma sorte, ideia ou decisão que você está tendo. Não encontrei alguém que me guiasse como posso fazer por você agora, mas agradeço muito a Deus por ter colocado em meu caminho uma mensageira que, por meio de um vídeo em um evento do TED, virou a chave que desligou o botão da escassez de meu cérebro e ativou a busca pela prosperidade.

O nome dela é Melinda Gates, e sugiro que você assista ao vídeo para que possa entender exatamente o que trago aqui. Falarei sobre a história dela com mais detalhes no capítulo 8; entretanto, já quero adiantar um pouco a minha percepção para que você entenda como esse vídeo foi importante para minha jornada. Ali, ela jogou no meu coração a semente de transformação que eu precisava. Contou que o dinheiro não servia só a ela, mas a milhares de pessoas no mundo e que, inclusive, sozinha, por meio da fundação Gates, ela passou a trabalhar em prol da erradicação da mortalidade infantil da África através da tecnologia e da educação.[1]

---

[1] DOAR a nossa fortuna foi a coisa mais gratificante que fizemos. 2014. Vídeo (24min48s). TED. Disponível em: https://www.ted.com/talks/bill_and_melinda_gates_why_giving_away_our_wealth_has_been_the_most_satisfying_thing_we_ve_done?language=pt. Acesso em: 31 jul. 2023.

Depois de ver o vídeo, pela primeira vez consegui enxergar o dinheiro com bons olhos. Percebi também que, em vez de ser generosa por não querer enriquecer, eu era egoísta. Eu só via o dinheiro como algo para suprir minhas necessidades, e não como algo que me faria abençoar as pessoas ao meu redor. Ali aconteceu minha virada de chave e decidi que queria ser rica, começando com uma espécie de desejo quase ambicioso, mas depois amadurecendo para o entendimento que hoje tenho de prosperidade.

O que ela falou fez muito sentido para mim. Vou contar como deixei a falência e uma dívida milionária para trás e me tornei rica e, sobretudo, próspera. Passei a adquirir, administrar e multiplicar a riqueza com uma habilidade muito grande, porque já tinha estudado sobre vendas, empreendedorismo e networking, e feito muitas formações em desenvolvimento humano a fim de desenvolver *soft skills*. Eu tinha todas as ferramentas necessárias e agora sabia como usá-las a meu favor.

Hoje, além de organizar vários eventos de sucesso em todo o Brasil, criei programas como o Mulher Brilhante, o VOE e o Brilhe +. Tornei-me uma empresária de sucesso reconhecido, passei a ter o hábito da leitura de materiais que me traziam mais sabedoria, investi em mentorias e me tornei mentora de outras empresárias bem-sucedidas.

Atualmente, sou palestrante, autora de best-seller e consultora de negócios e vendas requisitadíssima. Minhas palestras já alcançaram milhares de mulheres em todo o Brasil, e o movimento que criei alcança e reúne mais de dois milhões de mulheres empreendedoras. Poderoso, não é? Hoje eu sinto que contribuo para a prosperidade das pessoas por meio de meu trabalho. Não tem a ver só comigo, sabe?! Muito pelo contrário, se fosse só eu na equação, eu poderia ter parado de trabalhar e viver de maneira muito confortável com meus dividendos.

Tudo isso aconteceu por toda a experiência que vivi com meus erros e acertos. E por isso sei que preciso ter como objetivo, agora, estender minha mão para você e iniciar o seu processo de despertar da raiz da prosperidade. Com foco nisso, a informação que quero trazer antes de seguirmos adiante é: a prosperidade que você despertará em sua vida pode ser diferente da que existe na minha. E está tudo bem!

Exercício: o que é prosperidade para você?

Deixo aqui o próximo passo para que você possa avançar para o capítulo seguinte. É bem simples!

Quero que pare um momento e defina o que é prosperidade para você. Pegue um lápis ou uma caneta e anote nas linhas abaixo. Mais adiante, você verá quão importante foi esse momento, pois ele define a sua ótica de prosperidade sobre esse assunto agora.

No próximo capítulo, falaremos sobre como a riqueza precisa fazer parte de seu dia a dia e por qual motivo você precisa ter isso em seu coração. Vamos lá!

Não desista da sua prosperidade. Ela está testando sua resiliência e fé, e ela vai bater na sua porta em breve.

@keniagamaoficial

CAPÍTULO 2

Por que riqueza e dinheiro devem fazer parte do seu dia a dia

A verdade é que você não percebe, mas fala e lida com o dinheiro a todo momento, todos os dias. Ao comprar ou vender algo, pagar por um serviço, pagar um boleto, passar seu cartão ou acessar sua conta e fazer um pix. Talvez, inclusive, o dinheiro possa ser motivo de discussão e briga em sua vida. Motivo de choro e insônia. Você se identifica com isso?

A busca por prosperidade e riqueza tem um papel fundamental na construção e na evolução da sociedade. Não temos como negar que o bem-estar financeiro proporciona segurança, oportunidades, liberdade e desenvolvimento profissional, pessoal e econômico. Concorda? Justamente por isso é importante falarmos por qual motivo a riqueza e o dinheiro precisam fazer parte do seu dia a dia de uma forma positiva. É o dinheiro que ajudará você a estruturar melhor suas contas, proporcionar uma vida melhor para a sua família, ter mais tempo para você, para os seus filhos e para o que você mais gosta de fazer.

Já a falta de dinheiro, por outro lado, proporciona problemas enormes – e, algumas vezes, irreparáveis. Vamos ver sobre alguns deles? Separei situações muito comuns e as listei a seguir para que você possa checar se se identifica com algo ou conhece alguém que passa por isso.

E agora, qual conta vou pagar?

Você está ou já esteve em uma situação na qual precisou escolher quais contas pagar? Conta de água ou de luz? O que será que vai fazer mais falta? Muito triste, mas, infelizmente, esse tipo de situação é muito mais comum do que imaginamos na casa dos brasileiros. É o famoso: "Precisamos apertar o cinto". Chega uma hora que nem tem mais o que cortar para economizar. Em outras palavras: o dinheiro que está entrando não tem sido suficiente para arcar com o básico, com as contas mais simples que precisam ser quitadas para que você e sua família possam sobreviver.

Hoje não dá, não tenho dinheiro!

Já esteve em um momento com seus filhos em que precisou falar "não" para algo pelo simples fato de que não tinha dinheiro para pagar essa compra? No mercado, no shopping, andando pelo centro da cidade, no aniversário, no Natal, no Dia das Crianças... e eu não estou falando dos pedidos sonhadores das crianças, estou falando de um pacote de biscoito recheado ou de um par de tênis para a escola. São infinitas as possibilidades e ocasiões para que isso tenha acontecido. Entretanto, o fato aqui é que muitas pessoas precisam deixar de comprar coisas para os filhos porque não sabem se vão conseguir pagar a fatura ou os boletos que chegarão no começo do mês seguinte. "Agora não posso, não tenho dinheiro" é uma expressão comum em seu vocabulário? Se sim, fique aqui que vamos abordar isso melhor.

Vou escolher o mais barato

Você está andando pelo supermercado. Esperou chegar o começo do mês para fazer a compra "completa" com todos os itens que estão faltando em casa. Ali, você não escolhe os produtos por qualidade, mas sim por valor. Você não tem condições de arcar com o arroz da melhor marca, com o sabão em pó que deixará suas roupas mais macias, com a quantidade de carne adequada para que sua família possa viver confortavelmente durante os próximos dias. Tudo está sempre apertado, difícil, e o dinheiro para o mercado é contado para que você possa pagar. Também existe a possibilidade de que hoje você consiga até arcar com compras mais completas para sua casa, mas insiste em manter o padrão do básico para "economizar" porque "não se sabe o dia de amanhã".

Vou só colocar no carrinho

Você tem o hábito de abrir aplicativos ou sites de lojas e ficar colocando itens no carrinho (roupas, sapatos, semijóias, acessórios, bolsas etc.) mesmo que não vá adquirir nada? Adoraria poder concluir o pagamento, mas sabe que essa compra comprometerá uma parte do seu dinheiro que está destinado a outras necessidades básicas? Ou então até possui um valor que poderia gastar com isso, mas tem medo de usar e precisar para uma emergência. E essa emergência geralmente acontece.

Todas essas situações estão presentes na vida da maior parte das mulheres que atendo em meus cursos e mentorias. Elas começam presas nesse ciclo e, depois da jornada ao meu lado, conseguem se desenvolver e crescer pessoal e profissionalmente para que possam ter uma vida financeira mais confortável e próspera. Entretanto, até chegarmos na conquista da riqueza e da prosperidade, existe um caminho pelo qual elas precisam passar, e tópicos importantes que precisam aprender e internalizar para que possam avançar, evoluir e crescer. E os dados sobre dinheiro são alarmantes no Brasil.

ALGUNS DADOS IMPORTANTES

Você sabia que, embora tenhamos mais de 814 mil casamentos registrados pelo Relatório Anual do Cartório Brasileiro a cada ano,[2] segundo o Instituto Brasileiro de Geografia e Estatística (IBGE), mais da metade (57%) dos relacionamentos acabam pela falta de dinheiro e pelos desentendimentos relacionados a ele?[3] Esse número é assustador!

Isso sem contar a renda média do trabalhador brasileiro (que reflete a renda mensal de uma família), que está próxima a 2,9 mil reais, segundo o Instituto de Pesquisa Econômica Aplicada.[4] Se você paga aluguel, água, luz, internet e faz o supermercado em sua casa, se tem filhos, tenho certeza de que sabe quão baixo é esse valor para que se possa sobreviver com o básico atualmente. Além de que, qualquer pessoa precisa de remédios, roupas e lazer. Se tiver um carro, tem IPVA e gasolina. E o IPTU? E o plano de saúde? E as férias anuais? O presente de Dia das Crianças e de Natal?

Não estou falando em esbanjar, estou descrevendo coisas factíveis e que não expressam a realidade da imensa maioria da população que, além de

---

2 11/01/2023 – MAIS de 814 mil casamentos foram registrados no Brasil somente em 2022; veja números. **Boletim Classificador**, 11 jan. 2023. Disponível em: https://boletimclassificador.com.br/11-01-2023-mais-de-814-mil-casamentos-foram-registrados-no-brasil-somente-em-2022-veja-numeros/#. Acesso em: 2 ago. 2023.

3 AMORIM, P. Mais da metade dos casamentos acabam por conta de problemas financeiros. **FDR**, 4 set. 2022. Disponível em: https://fdr.com.br/2022/09/04/mais-da-metade-dos-casamentos-acabam-por-conta-de-problemas-financeiros/. Acesso em 2 ago. 2023.

4 CARVALHO, S. Retrato dos rendimentos do trabalho – resultados do PNAD Contínua do primeiro trimestre de 2023. **Carta de Conjuntura**, 6 jun. 2023. Disponível em: https://www.ipea.gov.br/cartadeconjuntura/index.php/2023/06/retrato-dos-rendimentos-do-trabalho-resultados-da-pnad-continua-do-primeiro-trimestre-de-2023/#. Acesso em: 2 ago. 2023.

não ter uma vida digna, "vende o almoço para comprar a janta" e tenta fazer malabarismos, encontrando renda onde não existe e se afundando em prestações que não consegue pagar.

Por conta disso, não é uma surpresa que a Confederação Nacional do Comércio de Bens, Serviços e Turismo (CNC) tenha divulgado que 78,3% dos brasileiros estão endividados, segundo a Pesquisa de Endividamento e Inadimplência do Consumidor (Peic). Ainda sobre isso, 86,8% das pessoas que possuem dívidas estão devendo para o banco na fatura do cartão de crédito e 9% possuem crédito pessoal que precisa ser quitado.[5]

O motivo? Além de não pensarmos de modo consciente no aumento das fontes de renda, o planejamento financeiro não faz parte da nossa base educacional nem dos nossos interesses a longo prazo. Segundo uma pesquisa feita por uma fintech de educação financeira e que ouviu 3.450 entrevistados em diversas regiões do Brasil, 52% deles não possuem um planejamento financeiro e não sabem como montar um.[6]

Eu mesma fiquei alguns anos tentando quitar ou negociar minhas dívidas, economizando. Pagava em dia as prestações, mas elas só aumentavam, porque eu pagava o mínimo ou somente os juros. Na tentativa de me manter adimplente, eu queria tirar dinheiro de onde não tinha. Até que entendi que economizar não é a solução, isoladamente, para uma vida próspera. Somente a partir do momento em que aprendi sobre a tríade da riqueza, eu saí das dívidas e aumentei rapidamente minha liquidez e patrimônio. Mais adiante, ensinarei a você essa ferramenta.

Outro fator a ser considerado é que a falta de dinheiro também está intimamente ligada à dependência emocional nas mulheres. Em outras palavras, mulheres financeiramente dependentes correm muito mais riscos de permanecerem em relacionamentos tóxicos e abusivos pois sentem que não possuem alternativa a não ser permanecer nessas relações e sobreviver.

---

[5] ABDALA, V. Endividamento atinge 78,3% das famílias brasileiras, diz CNC. **Agência Brasil**, 4 maio 2023. Disponível em: https://agenciabrasil.ebc.com.br/economia/noticia/2023-05/endividamento-atinge-783-das-familias-brasileiras-diz-cnc. Acesso em: 2 ago. 2023.

[6] ROCHA, D. Por que metade dos brasileiros não consegue se planejar para o futuro. **Estadão**, 19 jan. 2022. Disponível em: https://einvestidor.estadao.com.br/educacao-financeira/brasileiros-planejamento-financeiro-pesquisa/. Acesso em: 2 ago. 2023.

O professor e pesquisador Daniel G. Saunders, da Universidade de Michigan, publicou um artigo que fala justamente sobre este assunto: a falta de recursos está no topo da lista para as mulheres que seguem nessa situação.[7]

Como uma mulher que prega e acredita que em cada uma de nós há uma estrela de prosperidade pronta para brilhar, não preciso nem dizer o quanto a vontade de libertar essas mulheres me motivou ainda mais a escrever este livro. E quero que você não julgue uma mulher que não tenha conquistado a liberdade de fazer suas próprias escolhas por motivos financeiros. O que precisamos é acolher e ajudar, assim como estou fazendo aqui.

Podemos olhar também para aquelas que estão presas em empregos ruins por medo e insegurança financeira, vivendo uma vida medíocre emocional, financeira e profissionalmente. Isso é pensamento de escassez e subserviência em um ecossistema que causa pobreza generalizada. Eu fui uma mulher que não queria enriquecer, lembra?

Com a tecnologia, com o acesso à internet e a conteúdos de qualidade, chega até a ser difícil de imaginar como esses dados são possíveis. Se você está em contato com as pessoas certas, pode usar isso como exemplo em sua vida. Um empreendedor assiste a outro vencendo seus desafios diários e descobre como solucionar um problema de maneira mais simples do que ele pensara. Um executivo vê no LinkedIn que um amigo foi promovido e também passa a desejar uma promoção. Uma mulher que cuida dos filhos e não consegue sair para trabalhar descobre no Instagram que há milhares de mulheres trabalhando em casa e cuidando da família sem depender de babás ou creches. Percebe aonde quero chegar?

A verdade é que a internet mostra que é possível o que antes parecia ser muito distante da realidade de muitas pessoas, incluindo enriquecer. Estamos em contato com gente que viaja, que conquista os próprios sonhos, que consegue atingir os objetivos, que leva uma vida verdadeiramente próspera. Talvez, entretanto, você veja isso como materialismo, mas discordo em parte porque ser materialista é diferente de ser próspero e, inclusive, generoso. Entretanto, não conheço sequer uma pessoa próspera que não tenha

---

[7] PRADO, A. Por que tantas mulheres continuam em relacionamentos abusivos. **Superinteressante**, 2 maio 2018. Disponível em: https://super.abril.com.br/coluna/como-pessoas-funcionam/por-que-tantas-mulheres-continuam-em-relacionamentos-abusivos. Acesso em: 2 ago. 2023.

melhorado sua vida material. É um caminho óbvio. Se você aumentar sua renda, certamente proporcionará uma vida melhor para sua família.

E não há nada de errado nisso. Errado é viver apenas em função de ter e acumular coisas e bens, sem dar foco ao que realmente importa: a sua felicidade em essência. **E, apesar de a felicidade ser um estado de espírito, não há como ser feliz com as contas atrasadas, ligações de cobrança ou com problemas financeiros em geral**.

O dinheiro não é o que deve mover sua vida, são seus valores que devem cumprir esse papel. Mas ele é, sim, a mola propulsora que move o mundo e que proporciona para os seres humanos muito mais do que realizações materiais. Traz educação de qualidade, financia pesquisas científicas, acesso e desenvolvimento tecnológico, globaliza informações, permite que os povos interajam, dignifica a vida e auxilia a transformação para uma vida melhor, tanto a nossa própria quanto a de quem está à nossa volta. E não tem como negar que a falta dele coloca em risco nossa saúde física e mental, gerando crises de ansiedade, dependência a remédios, estresse, depressão e tantos outros sintomas prejudiciais. Quer um exemplo? No capítulo passado falei sobre a dívida que tive em minha empresa e como ela me levou para o fundo do poço, fazendo até que eu e meu marido nos separássemos.

Por isso, digo que sou a prova viva de que a ausência do dinheiro pode provocar uma avalanche de problemas em uma família, inclusive causar separação, doenças, sofrimentos incalculáveis à saúde mental até dos filhos, que deveriam ser protegidos de tudo, mas que se tornam vulneráveis demais quando os pais não estão conseguindo lidar com os próprios problemas causados pela falta de prosperidade.

E é por essa razão que você deve entender que não basta ter dinheiro na conta corrente para se libertar do risco de ter uma vida medíocre e insignificante. Você precisa ter a prosperidade enraizada em você. E aqui não tenho a pretensão de trazer uma fórmula básica de enriquecimento, ou então ensinaria você apenas a aumentar seu saldo bancário gastando menos e multiplicando mais. Quero mostrar muito mais do que isso. Quero ajudar você a enriquecer multiplicando o dinheiro e colocando a prosperidade em todos os campos de sua vida, porque só assim ele não entrará por uma porta e sairá por outra.

Então vamos fazer um exercício? Quero que você pare aqui por um momento e use as linhas abaixo para escrever sobre suas sensações em relação ao dinheiro e aos possíveis problemas financeiros que você vem enfrentando.

Pegue tudo o que vimos no capítulo até agora e use o espaço abaixo como um exercício livre para colocar no papel o que está sentindo.

Exercício

O que eu penso em relação ao dinheiro? (Seja muito honesta aqui.)

....

....

....

....

....

Com essa visualização, quero que você saiba que é possível sair dessa situação e melhorar sua vida. Aqui, aprenderemos como!

A POBREZA NÃO ESTÁ FORA, ELA ESTÁ DENTRO DAS PESSOAS

Você já parou para pensar que a prosperidade não começa a entrar na vida das pessoas à medida que elas passam a ganhar mais dinheiro aumentando suas fontes de renda mensais? Isso acontece apenas em uma segunda fase. Primeiro, precisamos internalizar a prosperidade dentro de nós. Depois, o dinheiro poderá se multiplicar em nossa vida e só assim não perderemos tudo o que ganharmos.

Como exemplo, é só você tentar se lembrar de quantas histórias já ouviu sobre pessoas ricas que perderam tudo. Tinham uma empresa milionária e perderam tudo. Ganharam na Mega Sena e perderam tudo. Conquistaram prêmios de reality-show, saíram, perderam tudo e caíram no esquecimento. Essas histórias fazem parte do nosso cotidiano e estão relacionadas à falta de prosperidade. Até mesmo reis e rainhas já passaram por isso!

Você aprendeu a conquistar uma vida próspera na escola? Imagino que não. Nossas memórias da infância, muito frequentemente, estão relacionadas a vermos nossos pais trabalhando muito, chegando em casa tarde e cansados, e assim internalizamos um modelo que foge da prosperidade. Ouvimos frases como:

- "Agora não, filho, papai/mamãe precisa trabalhar para comprar arroz e feijão."
- "Agora não, filho, mamãe está cansada porque trabalhou o dia todo."
- "Primeiro o trabalho, a obrigação, depois a diversão."

Essas frases representam, na verdade, um modelo de luta contínua por sobrevivência. Vamos analisar a sua infância? Pare um momento aqui e pense se viveu algo assim quando era pequeno.

1. Você viu, ouviu ou conheceu algum adulto que ficou milionário?
2. Sua família tinha o costume de ver programas que ensinavam sobre como ficar rico e ter uma vida financeira confortável?
3. Lembra-se de ter ouvido alguém falar que conseguiu acumular o primeiro milhão de reais após montar um negócio próprio?

Garanto que a quantidade de nãos aqui será muito maior do que a quantidade de sins. No meu caso, e no das minhas alunas, foi assim. Contudo não podemos deixar de notar que existem inúmeros canais de conhecimento que falam hoje sobre riqueza, renda familiar, acúmulo de patrimônio, estruturação do próprio negócio etc. O conhecimento está espalhado. Basta querermos acessá-lo.

A internet nos trouxe a possibilidade de enxergar melhores opções de vida, e isso tudo que vemos funciona como um chip do desejo. É lindo ver pessoas sonhando com carros de luxo, mostrando suas casas confortáveis, viajando com a família para outros países, desenvolvendo negócios prósperos. Parece que, a cada dia mais, as pessoas estão descobrindo que temos o direito de querer usufruir da vida.

Mas, infelizmente, nem todas conseguiram alcançar esse nível de mentalidade e não conseguem ter boa relação com o dinheiro. E é justamente por essa razão que nem todos serão financeiramente livres um dia. Por isso, preciso que você construa uma relação saudável com o dinheiro e não tenha mais que conviver com o medo da falta dele.

Hoje, não me preocupar com dinheiro é uma realização pessoal. E veja bem: não se preocupar é completamente diferente de ignorar ou se desligar dele. Uma mulher inteligente sabe a diferença entre essas duas coisas. Porque se eu não me concentro em ganhar mais, logo estarei com uma preocupação bem pior, a de pagar dívidas. É melhor se comprometer a prosperar do que passar parte da vida se justificando com quem vier a cobrar você pelos compromissos que não cumprir.

O DINHEIRO COMO PARTE DAS CONVERSAS

Sempre falo para minhas alunas que liberdade financeira é uma questão de decisão. É decidir se comprometer com a prosperidade, com a riqueza, com o saldo bancário que precisa estar positivo e crescendo, com a decisão de viver uma vida melhor independentemente da situação atual.

Então, para que você possa se comprometer com uma vida próspera financeira, por que não incluir o dinheiro em suas conversas e pensamentos? Por que não começar a estudar mais sobre educação financeira e prosperidade? Com certeza, ao estar aqui comigo, você já iniciou essa jornada e está um passo mais perto, entretanto ainda não é suficiente.

Quero que você saiba que pode e deve falar sobre dinheiro, riqueza e prosperidade financeira em sua casa. Não deixe que a crença de que "dinheiro precisa ser segredo" tome conta de você. Falar dele é sinal de sabedoria. E sabe como sei disso? É só olhar para as pessoas de sucesso. Elas estão aqui para comprovar essa declaração. Entenderam que, na materialidade do mundo, há uma "lei" e um princípio que não apresenta falhas, neles você sabe o que planta e, por isso, colhe a abundância que deseja.

Quero que você busque informações sobre dinheiro no Google, em livros e cursos. Busque e trace um caminho que deve seguir para alcançar a realidade que quer para sua vida. E se você não está buscando ter mais dinheiro e está vivendo para sobreviver, pode estar perdendo muitos momentos de felicidade que foram reservados para você.

O dinheiro fazer parte da sua vida não é uma questão de escolha, ele simplesmente já faz, só que transformar essa participação negativa em positiva é algo que só depende de você. Sua parte nisso é mais uma vez a decisão por prosperar e viver em equilíbrio emocional, pois você pode decidir se ele fará parte estando presente com seu saldo positivo, ou se ele estará na sua vida gerando dor pela ausência, tirando seu sono e fazendo você sofrer a cada instante em que se lembrar das contas vencidas e atrasadas.

Tenho absoluta certeza de que, ao terminar este livro, você será uma mulher diferenciada. Infelizmente, muitas de nós só querem ter o dinheirinho para comprar suas coisinhas; você, não! A partir de hoje você resgatará cada centavo da sua herança de riqueza e prosperidade que Deus enviou com você quando lhe trouxe para esta geração.

O FUTURO QUE A AGUARDA

Quero compartilhar com você algumas experiências e histórias de alunas que conseguiram assumir a mulher brilhante e rica que existe em cada uma delas.

Uma de minhas mentoradas começou fazendo micropigmentação na sala de sua casa, depois trocou o espaço para a garagem e, finalmente, deu um passo maior ao estabelecer um local dedicado ao atendimento de seus clientes. Quando ela chegou para a nossa sessão de mentoria, já estava com um faturamento significativo, entretanto acreditava que, para ter muito dinheiro, precisava trabalhar incansavelmente.

Ficava no espaço de segunda a segunda até muito tarde e desempenhava múltiplas funções, como limpar, agendar clientes, fazer café etc. Eu perguntei por que ela mesma fazia a faxina e o café e a resposta foi: "Eu preciso ganhar o máximo possível e economizar cada centavo". A consequência? Problemas no casamento, distanciamento dos filhos e uma saúde mental abalada.

Veja que aqui não quero que você pense que acredito que é possível ganhar dinheiro sem trabalhar, mas é preciso ter inteligência financeira para saber que a quantia que você ganha é proporcional à quantidade de pessoas que você ajuda. Com essa mentorada, expliquei sobre isso e pedi que ela montasse um método no qual conseguisse deixar de cuidar de algumas etapas de seu trabalho e olhar para o valor de sua hora de modo que ele sempre valesse mais. Em outras palavras, ela precisava treinar e contratar pessoas que a ajudariam e fariam o negócio crescer.

Algumas crenças que apareceram: "Ah, mas se eu ensinar alguém, essa pessoa vai me copiar"; "Se ensinar, vou perder essa funcionária porque ela vai abrir o próprio espaço"; "E se não fizer como eu faço?". Tudo isso apareceu no processo, e mostrei que esses pensamentos também faziam parte de uma abordagem de escassez. Precisamos multiplicar e passar nosso conhecimento adiante, empregar pessoas e ajudar outras para que possamos enriquecer. Hoje, essa mentorada tem três unidades, dezenas de colaboradores, centenas de clientes e fatura três milhões de reais por ano.

Mas será que somente a quantia que ganhamos está relacionada aos problemas financeiros e reflete nossas crenças sobre riqueza? Não! Será que pensamentos construídos em deformidade refletem apenas na sua conta bancária ou estão em todas as áreas interligadas? A resposta é sim e vou contar a você por quê.

Tive outra aluna que chegou até mim contando que não saía de casa sem passar maquiagem. Ela cresceu ouvindo afirmações de que era feia e desengonçada, as pernas eram finas, os traços do rosto eram feios etc. Isso tudo enraizou nela de uma maneira que a fez achar que só poderia ser bonita se aprendesse a se maquiar para que pudesse esconder alguns traços de seu rosto. E assim ela fez.

Com ela, durante o processo de hipnoterapia, descobrimos de onde vinham essas raízes e as ressignificamos para que ela pudesse viver livre disso. Assim, tudo na vida dela mudou. Não apenas sua autoestima e autoconfiança, mas, também, por ter começado a se sentir melhor consigo mesma, começou a fazer seu negócio crescer financeiramente de maneira incrível. Sabe por que isso aconteceu?

É muito fácil acharmos que essas crenças não impactam a nossa vida em todas as áreas. Se nossos pais ou cuidadores dizem que aquilo não é para nós, que é coisa de rico, que não poderemos nunca ter algo, que está tudo bem ser pobre porque precisamos ser felizes, são crenças que acabam limitando a nossa jornada. A raiz das crenças é a mesma da história que acabei de contar. Se aceitamos tão bem a mudança de autoestima, por que não aceitaríamos as mudanças relacionadas ao dinheiro? A lógica é a mesma. O merecimento está em várias áreas da nossa vida e, assim como ela desbloqueou uma área e isso refletiu na vida amorosa, profissional e financeira, algo semelhante também acontece com você.

Precisamos entender o que é prosperidade em nossa vida, e pegarmos todos os princípios da riqueza e aplicarmos em todas as áreas. Então quando nossa mente entende que podemos ser muito mais, profissional e financeiramente, carregamos isso conosco também. Assim rompemos barreiras.

AGORA SOMOS EU E VOCÊ. CONFIE EM MIM

Falamos sobre dados importantes da população brasileira, sobre como a falta de dinheiro afeta as mulheres e sobre histórias inspiradoras que estão conectadas com o futuro que está aguardando você. Tudo isso porque quero que você abra seu coração para esse conteúdo e possa, a partir da prosperidade, espalhar a generosidade em todas as esferas de sua vida.

Para fecharmos, portanto, quero propor um exercício. É uma ferramenta que utilizo com mulheres que participam das minhas mentorias e sei que proporciona benefícios poderosos na vida de quem a coloca em ação.

Quero que você deixe de lado tudo o que disseram que seria impossível de realizar em sua vida. Imagine-se recebendo um cheque sem limite de valor que pode, no entanto, ser utilizado apenas em três sonhos. E esses sonhos precisam ser seus, ou seja, trazer realizações para você. Não vale transferi-los. Aqui é o seu momento! Combinado?

Pense em tudo o que deseja conquistar. Viagens, imóveis, carros, procedimentos estéticos, não se coloque limites. É a viagem dos sonhos, a casa dos sonhos... seu cheque não tem limite de valor. Qualquer experiência vale! Para esses sonhos, você pode estar sozinha ou com as pessoas que ama. Pode até mesmo ser algo relacionado à sua vida profissional. Por que não?

O que importa é que sejam os seus desejos e que você consiga imaginá-los em detalhes. Assim, feche os olhos, pense por alguns minutos, imagine e sinta as emoções desses momentos. Imagine que o dinheiro já chegou e você é próspera e pode sonhar com o que quiser, o preço não importa. Então abra os olhos e escreva a seguir os seus três sonhos possíveis de serem alcançados.

Lembre-se: quero que você coloque os detalhes e escreva com a mesma alegria que sentiu enquanto estava de olhos fechados.

Sonho 1

....

....

....

....

....

Sonho 2

....

....

....

....

....

Sonho 3

....

....

....

....

....

Guarde essas anotações, falaremos sobre elas nos próximos capítulos.

Como próximo passo, agora veremos um pouco mais sobre a trilha da riqueza que preparei para você, e assim subiremos cada vez mais o nível da nossa conversa.

Até já!

CAPÍTULO 3

Filho de pobre, pobre é

Aposto que você leu o título do capítulo e se assustou. "Meu Deus, Kênia, quem falaria uma coisa dessas? Que filho de pobre, pobre é..." Escolhi o título justamente por isso. Minha ideia era mesmo assustar e provocar você, para que pensasse junto comigo sobre o significado que essa afirmação tem na nossa vida.

Crescemos com a ideia errada de que só é rico quem nasce rico, de que só alcança e consegue ter independência financeira quem tem as melhores oportunidades. Ouvimos que não podemos ter isso ou aquilo, que não é para nós, que se nascemos na pobreza, nela morreremos. Em outras palavras, filho de pobre, pobre é.

O que dizer então de artistas, jogadores de futebol, médicos, advogados ou empreendedores que, como eu, começaram a vida profissional sem dinheiro, muitas vezes nem para pagar a passagem de ônibus, e conseguiram vencer passando e ter uma vida de abundância e liberdade financeira?

Sei que você pode estar pensando: "Isso é um em um milhão, sejamos realistas" ou "Kênia, entendo que ser rica deve ser maravilhoso, mas não é para mim. Nasci em uma família pobre e sei que vou morrer assim também. Adoro ouvir você falando sobre prosperidade, mas a verdade é que já me acostumei com a minha realidade".

Quero te dizer algo: eu aprendi a não viver somente de probabilidades, mas também de possibilidades. Se houver uma chance em um milhão, eu serei essa chance, você será essa chance. Se existirem pessoas que não acreditam nisso, tudo bem, deixe-as viver com suas crenças. Eu e você vamos contrariar todas as probabilidades negativas a nosso respeito.

Não aceito determinações negativas sobre meu presente ou meu futuro e quero que você leia com muita atenção agora: você também não deve aceitar isso para sua vida. Todas as pessoas merecem atingir a vida próspera que sempre sonharam. A tão conhecida síndrome do "eu nasci assim, cresci assim e vou morrer assim" precisa deixar a porta da sua casa agora. Entendo que não é fácil, pois eu também passei por essa provação.

Como você já sabe, nasci e cresci em uma família muito humilde. Em meu bairro, o inconsciente coletivo dizia que os filhos que lá nasciam ou morariam ali ou em um lugar inferior. Casa própria? Impossível. A maioria construía dois cômodos nos fundos do terreno minúsculo dos pais, e ali viveria com a família talvez pelo resto da vida. Carro quitado? Improvável. Melhoria de vida? Jamais alguém imaginaria. E assim eu cresci e me mudei pela primeira vez para o que chamei de "barraco", como contei para você. Esse era o destino de todos.

Hoje, entendo que minha mentalidade foi construída desde a infância para ser e permanecer pobre ao longo da vida, não por culpa dos meus pais, mas porque eu desconhecia que havia alguma possibilidade de vida diferente da que eu vivia. A tela pintada para mim era só a da escassez.

Saiba que só sai desse círculo de pobreza quem decide se levantar contra ele, toma consciência de que é possível gerar riqueza e passa a trabalhar de forma inteligente, em harmonia com o dinheiro e com os princípios da prosperidade. Então não pense que foi fácil quebrar essa crença interior quando decidi empreender com meu marido. Ouvimos as piores coisas quando contamos para as pessoas: que éramos loucos, que não deveríamos fazer aquilo, que estaríamos nos afundando ainda mais e que estragaríamos nosso casamento. Ouvi da minha própria mãe que não deveria deixar meu filho de dois anos para viajar a trabalho, que dinheiro não era tudo. E olhe que minha mãe havia deixado minha irmã com dias de nascida para poder estudar, e talvez sentisse culpa por isso e não queria que eu passasse pela mesma situação.

Aliás, em algum momento você já se sentiu culpada ou foi criticada por outras mulheres por não ser uma mãe vinte e quatro horas por dia e ter deixado seu filho ou sua filha para cumprir um compromisso profissional?

Talvez você não tenha passado exatamente por essas coisas, mas aposto que consegue imaginar algo seguindo essa linha em sua vida. Somos desestimuladas a pensar grande o tempo inteiro, e essa é a mentalidade em que precisamos pôr fim.

Isto é o que quero que você tenha em mente: ser filho de pobre não significa que você precisa ser pobre para sempre. Pesquisas, que mostrarei mais adiante, apontam que, em média, precisamos de nove gerações para ascender um nível social, mas você pode acelerar muito esses dados, como eu fiz. Você pode e deve mudar a sua história. E estou aqui para ajudar nessa etapa. Como? A partir da programação neurolinguística que aplico em mim mesma e em minhas alunas. Quero conduzir você a um momento libertador de encontro com seu caminho de acesso à prosperidade.

Chegou o momento de fazermos uma viagem interna que percorrerei junto com você, conduzindo-a de modo consciente para suas realizações pessoais. Tenho certeza de que você se surpreenderá com tudo o que descobriremos juntas. É um trabalho de visão raio X, em que vou entrar não só em seu pensamento, mas em seu coração. Mas, para isso, preciso da sua permissão.

Você me permite vasculhar e quebrar, apagando de dentro de você toda e qualquer memória consciente ou inconsciente, crença ou trauma, que estejam impedindo-a de viver uma vida de prosperidade em que o dinheiro deixa de ser um problema para se tornar a solução? Se respondeu sim, então vamos lá!

OS INQUILINOS INDESEJADOS: CRENÇAS QUE MORAM EM NÓS

Se a nossa vida é a nossa casa, existem alguns inquilinos que não foram convidados a morar conosco, mas se fazem presentes o tempo todo: as crenças. Infelizmente, não existe nem existiu um dia sequer em sua vida em que você não tenha vivido sob o efeito constante dos acontecimentos do passado.

Segundo o princípio da semeadura e da colheita, o que colhemos é consequência do que plantamos. Entretanto, em nossa infância (incluindo quando estávamos no útero de nossa mãe), algumas sementes foram plantadas em nós sem que tivéssemos como tomar decisões diretas sobre elas. Foram plantadas por nossos pais, avós, irmãos, pessoas do convívio familiar, pela cultura em que vivemos, educação, religião e até mesmo pela mídia.

Essas sementes infiltraram-se em nossa mente de maneira sutil e, muitas vezes, imperceptível, tomando residência e guiando nossas percepções e comportamentos, sem que tenhamos total controle da sua chegada.

Se houver uma chance em um milhão, eu serei essa chance, você será essa chance.

@keniagamaoficial

O problema aqui é que não fomos nós que escolhemos essas sementes que foram plantadas, então existe ali muito "lixo emocional" que precisa ser jogado fora. Não há como seguir adiante e conduzir você rumo à prosperidade se eu não mostrar o que está escondido aí dentro, impedindo-a de dormir e acordar sem se preocupar com dinheiro.

Vale reforçar também que essas crenças não estão relacionadas só ao dinheiro. Lembra-se de quando falei da minha aluna que não conseguia sair de casa sem maquiagem porque tinha passado a infância ouvindo que era feia? E que eu, subconscientemente, estava repetindo a história dos meus avós e pais, enriquecendo e perdendo tudo? Fugindo da "desgraça" do dinheiro e honrando meus antepassados? A lógica aqui é a mesma. Essas crenças estão escondidas em todas as áreas da nossa vida, entretanto falaremos aqui sobre algumas especificamente relacionadas ao dinheiro para que você possa conquistar a vida próspera que merece.

Algumas vão proporcionar alívio imediato, outras vão gerar preocupação no início, mas, depois de internalizadas, elas ajudarão você a melhorar todas as áreas da sua vida. Vamos ver sobre alguns desses inquilinos indesejados?

"Isso não é para você"

Aqui está presente a ideia de que, se estamos em uma determinada situação financeira, não podemos alcançar novas conquistas. Ser rico não é para você, comer em um restaurante caro não é para você, ter um carro importado não é para você, ter independência financeira não é para você. São infinitas as possibilidades, e a crença que temos aqui é de que existem coisas pré-definidas que pertencem a nós, enquanto outras, não.

Imagine se todas as pessoas pobres do mundo em algum momento tivessem acreditado nisso? Jamais alguém que não tivesse nascido rico teria conquistado a riqueza. Por isso, saiba que essa crença é irreal e não pertence a você.

Por que Deus faria algo somente para determinadas pessoas? Você é merecedora de tudo que foi criado por Ele. E Ele criou todas a coisas boas.

"É coisa de rico"

Parece que existe uma divisória do que é coisa de rico e do que é coisa de pobre. Aqui está a famosa divisão por exclusão.

Não existem coisas de rico e coisas de pobre. Existe, sim, por outro lado, a vontade de crescer e de evoluir. Se você está em uma situação e deseja muito algo que ainda não pode ter, precisa crescer e se desenvolver para conseguir conquistar isso. Então não fique apegada à ideia de que jamais poderá ter determinadas coisas. Tudo isso faz parte das suas crenças e você precisa deixá-las no passado.

"Só faz dinheiro quem já tem dinheiro"

Essa é uma grande mentira. Pense em quantas histórias ouvimos de pessoas que nasceram nas piores situações e conquistaram muito. Empresários que não tinham nada, começaram do zero e hoje são donos de empresas gigantes que empregam centenas de pessoas.

Só faz dinheiro quem já tem dinheiro é uma história contada para quem quer justificar o próprio fracasso sem se responsabilizar por aquilo que conquista na vida. E você não pode seguir por esse caminho.

Aliás, a maioria dos milionários e bilionários mundiais vieram do zero e construíram sua própria riqueza nas mais diversas áreas que se possa imaginar. As pessoas dizem que é exceção quem nasce pobre e fica rico, mas os dados dizem exatamente o contrário.[8] Adiante, exploraremos mais esse assunto.

"Para ter muito dinheiro, você precisa ser desonesto"

Em uma pesquisa feita com pessoas de lugares variados do mundo, concluiu-se que a palavra menos associada aos ricos foi "honestidade".[9] Os pesquisados deveriam associar aos ricos sete características positivas ou negativas: inteligente, egocêntrico, trabalhador, ganancioso, honesto, materialista, arrogante, imaginativo, otimista, rude, superficial, ousado/atrevido, de coração frio e visionário/perspicaz. Entre todas essas, a que menos foi marcada foi honesto.

Sabe de onde vem essa crença? Da ideia de que os ricos só são ricos porque trapaceiam, fazendo algo criminoso até. Se fazem isso, consequentemente

---

8 FOGAÇA, A. 12 Bilionários que Começaram do Zero. **The Capital Advisor**, 30 out. 2020. Disponível em: https://comoinvestir.thecap.com.br/12-bilionarios-que-comecaram-do-zero. Acesso em: 13 set. 2023.

9 ZITELMANN, R. As pessoas ricas são desonestas? **Instituto Liberal**, 10 jun. 2023. Disponível em: https://www.institutoliberal.org.br/blog/as-pessoas-ricas-sao-desonestas/. Acesso em: 4 ago. 2023.

são desonestos. E se formos analisar com profundidade, é bem consistente considerarmos que as pessoas que roubaram bancos, invadiram casas para roubar dinheiro ou enganaram outras pessoas para ter vantagem financeira em algo provavelmente acreditam nisso consciente ou inconscientemente.

Isso não é verdade. Os ricos não são ricos porque tiraram algo dos pobres ou fizeram algo leviano. Existem ricos desonestos? Sim! Assim como existem pobres desonestos também. A riqueza e a desonestidade não são variáveis conectadas, e você precisa internalizar isso. No próximo capítulo, trarei alguns dados de pessoas milionárias, e você com certeza abrirá a sua mente sobre esse assunto.

"Para ter dinheiro é preciso trabalhar muito"

Lembra-se de quando falamos da minha aluna que era micropigmentadora e acreditava que, para ter um faturamento bom, precisava trabalhar até a exaustão? Ela não foi a única. Uma outra me falou que engordou 20 kg e estava com sérios problemas renais porque não dava intervalo entre seus atendimentos, nem para comer com tranquilidade ou fazer xixi. Ela me disse que não podia perder clientes. É disso que estamos falando aqui. Algumas pessoas acham que o dinheiro está conectado com o trabalho exaustivo, com deixar a família de lado, não ter tempo para os filhos, não ter vida. Isso é mentira!

É preciso trabalhar para ser rico? Sim! Entretanto, você precisa pensar que a inteligência financeira é importante. É preciso faturar e multiplicar o que se ganha, empregar pessoas, ajudar o próximo. Tudo isso é riqueza. E com a mentalidade adequada você pode, sim, ser rica e não precisar trabalhar exaustivamente.

A riqueza não ocorre por força física ou quantidade de horas trabalhadas, certamente você conhece pessoas que se esforçam e trabalham de doze a catorze horas por dia e não enriquecem, talvez esse seja até o seu caso. A riqueza se constitui de uma tríade que, como eu disse, mais a frente vou detalhar para você.

"É filhinho de papai" / "É playboy"

Essas são maneiras pejorativas de referir-se aos filhos de pais que têm condições financeiras melhores. Ser "filhinho de papai" denota alguém que é mimado, que não precisa fazer nada na vida, não precisa batalhar para conseguir o que quer. Essa é uma crença que carregamos e que direcionamos às pessoas, em muitos momentos, para justificar nossa vontade de pertencer a um grupo do qual não fazemos parte.

Aliás, os dados mundiais também dizem que a maioria dos "filhinhos de papai" continuam multiplicando as riquezas deixadas a eles, provavelmente porque tiveram uma educação financeira para isso. Meus filhos começaram a trabalhar bem cedo, como estagiários, pegaram ônibus, fizeram marmita para "esticar" o salário. Ensinei a eles a origem e a construção do dinheiro. Hoje, vejo minha filha de 21 anos, independente, ganhando cinco dígitos por mês, com seu próprio negócio, atendendo dezenas de clientes, empregando pessoas, pagando impostos. Vejo-a também acordando cedo e trabalhando em alguns finais de semana, resolvendo questões jurídicas complexas. Ela tem orgulho de ser *self-made*.

Então pare de apontar o dedo para os outros. Pegue para você a responsabilidade do que está construindo. Saiba que é possível ter a mentalidade financeira adequada para avançar.

"Só tem tudo isso porque é herdeiro"

Essa também é uma das justificativas que usamos para falar de outras pessoas que têm condições melhores que as nossas e conquistaram mais. É falar do outro como se nada do que ele faz importasse, pois só atingiu seus objetivos porque nasceu em uma família abastada. É também pejorativo e precisa sair do seu vocabulário, caso esteja presente nele.

Meus filhos são herdeiros? Agora são. Eles são acomodados por isso? Não! Eu desenvolvi minha empresa e hoje sou multimilionária, entretanto ensinei desde cedo para eles a importância do trabalho. Como eu disse, minha filha já tem o próprio negócio, emprega seus colaboradores e atingiu a independência financeira. Meu filho mais novo é menor aprendiz e administra o dinheiro dele. Ensinar administração e multiplicação de riqueza é algo que os pais e a escola deveriam fazer, mas não acontece.

"Dinheiro não traz felicidade e pessoas ricas sofrem de depressão"

Você já deve ter ouvido que dinheiro não traz felicidade. Mas e a falta dele?

Há tanta mentira no mundo, tantas frases prontas como "pau que nasce torto morre torto". Crianças crescem com sonhos e desejos vivos, que fazem os olhos brilharem, mas depois vão aos poucos se transformando em adultos frustrados, tristes, conformados com a vida limitada e vivendo no piloto automático de apenas pagar as contas e sobreviver.

É comum ouvirmos que pessoas ricas sofrem deprimidas e sozinhas, ou que os ricos sofrem pelo medo de outras pessoas só se aproximarem deles por interesse no dinheiro e, com isso, não conseguem viver um grande amor ou ter amizades verdadeiras. Eu mesma já tive esse pensamento de que não queria ter dinheiro porque queria amigos de verdade.

É verdade que o dinheiro não preenche todas as lacunas da vida e, de fato, existem pessoas ricas que não são prósperas. Elas colocam o dinheiro em um lugar que ele não deve ocupar, acabam depressivas porque status, fama e poder passam a controlar suas mentes e as coisas "simples" da vida perdem a graça.

Contudo, isso não é culpa do dinheiro. Ele não muda quem você é, ele potencializa quem você já é. Ele não substitui o amor, não compra felicidade e não pode comprar amigos fiéis. Entretanto, se você não tinha amigos verdadeiros antes de ter riqueza, a culpa de isso acontecer não foi do dinheiro, foi sua.

Sou rica, amiga de muitos ricos e também de muitas pessoas assalariadas. Gosto de receber pessoas na minha casa, sou próspera, tenho amigos sinceros, não tenho problemas em falar de dinheiro e, além disso, tenho um marido que eu amo e que me ama. Então onde estão a solidão e a tristeza? Estão na mente escassa e doente de algumas pessoas que ficam disseminado essas mentiras por aí.

Não acredite em nada disso, o dinheiro não muda ninguém, ele apenas potencializa quem você já é. Adultos que acreditam nisso vivem sem grandes conquistas, são pessoas amargas porque já deixaram morrer a chama de seus desejos, já perderam a capacidade de sonhar. Mas tudo isso é recuperável.

Sendo assim, agora que você já sabe quais são as crenças mais populares que ouvimos por aí, chegou o momento de falarmos de um assunto polêmico e necessário: as crenças relacionadas à nossa fé.

A RIQUEZA NÃO A AFASTA DE DEUS

Se até aqui falamos muito sobre o poder das nossas decisões, com a fé vamos seguir essa mesma linha de raciocínio.

"É mais fácil um camelo passar por uma agulha do que um rico entrar no reino dos céus."

Independentemente da sua religião, algumas crenças foram construídas em você a partir da fé que escolheu sentir e seguir. E se você, assim como eu, é cristã, há ainda um ponto a ser levantado: ouvimos o tempo todo que o dinheiro nos afasta de Deus. Que ricos não entram no céu.

Existe a multiplicação de prosperidade que Jesus nos mostrou em seus milagres e muitos outros pontos sobre os quais podemos conversar. Mesmo se você não acreditar em Deus, verá que a riqueza e a prosperidade estão no fundamento de nossa vida e existência.

As religiões cristãs costumam pregar que devemos seguir a história e o legado de Jesus, porém para cada leitura é possível ter uma interpretação. E eu, nascida e crescida em uma família humilde, cheguei a acreditar que a humildade era o princípio da salvação. Mas eu não sabia nem o que era humildade. E assim passei três décadas da minha vida vivendo na escassez, com uma espécie de venda nos olhos.

Deus é a base do meu equilíbrio, e sei que Ele criou um mundo de beleza e recursos infinitos. Portanto, não há limites quando queremos enriquecer e começamos a direcionar nossa vida em busca da prosperidade. Existe magia em nosso planeta. Novas plantas nascem, mulheres dão à luz a cada segundo, seres vivos crescem em células que se multiplicam sem parar. A vida não tem fim, assim como nossa capacidade de pensar, sonhar e multiplicar é ilimitada. Inclusive, **a palavra humildade tem raiz naquilo que é fértil, que se desenvolve e cresce**. A palavra que originou "humildade" foi a grega HUMUS, que significa "terra". Este mesmo vocábulo da antiga Grécia também deu origem às palavras "homem" e "humanidade". O que nos remete à criatura nascida da terra e que vem se desenvolvendo e crescendo, significando primeiramente "terra fértil".[10] Olhando para fora da sua janela, você tem provas irrefutáveis de que o mundo é infinitamente abundante, mas sempre há pessoas que só enxergam a escassez.

---

10 HUMILDADE. **Gramática**. Disponível em: https://www.gramatica.net.br/etimologia-de-humildade/. Acesso em: 18 set. 2023.

Você pode não ter vindo de uma família próspera, mas uma família próspera virá de você.

@keniagamaoficial

Essas pessoas continuam levantando as bandeiras de que tudo pode faltar e acabar porque já perceberam que o medo é um fator importante de domínio sobre a população. E foi com base nesse mesmo raciocínio que, no passado, líderes religiosos instituíram o pensamento de que pobres chegam mais perto de Deus, fazendo o medo de serem rejeitados pelo Criador brotar dentro da mente dos mais pobres. Esses poderosos de séculos atrás enraizaram em nossa mente a crença de que ser próspero é ruim, de que ricos são infelizes e de que eles jamais entrarão pelas portas do céu. Tudo isso não passa de uma grande besteira e posso provar.

Quando ouvi Melinda Gates falando que doou 50 bilhões de dólares para combater a mortalidade infantil na África, minha ficha caiu. Enxerguei que há milhões de pessoas doentes, crianças órfãs, famílias passando fome e que eu poderia me engajar em grandes causas, e também ajudar pessoas mais próximas, desde que tivesse recursos financeiros. E não é somente agir na pobreza que vemos, mas na pobreza invisível. A maior pobreza não é a que está fora, mas a que está dentro de nós. Se seu coração não for próspero, seu bolso jamais será. Foi assim que entendi o poder do dinheiro. E foi assim que surgiu a minha decisão de agir para transformar escassez em prosperidade.

Se você ainda tem dúvidas sobre isso, procure livros de história e busque fatos concretos que falam do tema. Leia a Bíblia! Pense em quantos homens ricos e poderosos foram instrumento de transformação na vida das pessoas por possuírem recursos financeiros para isso. Quer um exemplo? Já ouviu falar de Oskar Schindler?

Eternizado no clássico filme *A lista de Schindler*, ele foi responsável por salvar 1,2 mil judeus durante a Segunda Guerra Mundial. E salvou essas pessoas dos campos de concentração ao atestar que eram empregados em sua fábrica. Por ser rico e respeitado pelos nazistas na época, chegou a comprar o direito de posse sobre poloneses judeus, pagou para falsificar seus documentos e assim pôde impedir que essas pessoas fossem brutalmente assassinadas pelos apoiadores de Hitler. Independentemente da sua fé ou religião, creio que é impossível imaginar que esse homem, por ser rico, estava longe do amor de Deus, mesmo tendo atitudes tão nobres.

Na Bíblia, existem também inúmeras provas de que o dinheiro pode ser um meio de melhorar a vida das pessoas. Homens como Salomão, Abraão e Jó eram muito ricos, porém o dinheiro não era o senhor da vida deles, mas sim um meio de promover prosperidade ao povo e às pessoas que estavam ao seu redor.

Quando Jesus foi crucificado, um personagem mudou o rumo da história porque era um homem próspero e de bons princípios. E embora não tivesse se declarado cristão até aquele momento, foi de fundamental importância para que a história de Jesus se cumprisse como temos conhecimento. O seu nome era José de Arimatéia.

Por ser muito rico e influente, ele circulava entre os governantes e os políticos poderosos. Valendo-se desse privilégio e por ser um comerciante respeitado, o que hoje equivaleria a um empresário multimilionário e influente, ele foi ao governador, Pôncio Pilatos, logo após Jesus ter sido crucificado e negociou com ele para ter direitos sobre o corpo de Jesus. Com a autorização do governante, buscou o corpo que estava sendo escoltado por dois soldados romanos, enrolou-o em um pano branco de linho e o sepultou em suas terras. Manteve o corpo de Jesus em uma gruta fechada por uma pedra gigantesca.

Os mesmos guardas que escoltaram o corpo mantiveram a entrada guardada para garantir que os seguidores de Jesus não entrassem para violar o túmulo. E foi assim que, mais tarde, foram testemunhas de que ninguém entrou ali e não havia explicação para o aparente sumiço do corpo. Graças a José de Arimatéia, um homem rico e poderoso que viveu na mesma época de Jesus, mais de dois mil anos depois os cristãos têm o relato do maior milagre da história humana: a ressurreição de Jesus, que é contada com todos os detalhes que conhecemos.

Esses são apenas alguns dos argumentos históricos e bíblicos de quão digno pode ser o seu desejo pela prosperidade. Sim, o amor ao dinheiro é a raiz de todos os males, porque ele é um excelente servo, mas um péssimo senhor. E não se engane, a ausência dele também demonstra o quanto ele controla a mente das pessoas.

O dinheiro não é vilão, tudo depende do destino que você dará a ele quando estiver tomando suas próximas decisões. Por isso é importante crer no poder de transformação, incluindo a fé. No meu caso, tenho certeza de que Deus jamais me daria a capacidade de sonhar se eu não pudesse realizar. Creio, busco e realizo o que desejo com a fé que tenho.

A maior pobreza não é a que está fora, mas a que está dentro de nós. Se seu coração não for próspero, seu bolso jamais será.

@keniagamaoficial

A FALÁCIA DO MUNDO INJUSTO

Com certeza você já ouviu alguém falar ou até mesmo já pensou e falou sobre como os recursos do mundo são escassos. Um exemplo? Vai existir um momento em que teremos mais pessoas do que comida no planeta. Ou então: essa área de trabalho está tão saturada que não existe mais espaço para novos profissionais. Esse tipo de fala tem como foco a escassez.

Para essas pessoas, a matemática é simples: se você tem algo é porque está tirando de outra pessoa. Se alguém aproveita uma oportunidade, outra pessoa perdeu a chance. Se alguém ganha, outro alguém perde. Pessoas que têm como fundamento de vida a escassez se sentem mal por ter, por usufruir de algo enquanto existe alguém que está sofrendo por não ter as mesmas condições. E, em situação contrária, julgam, invejam e criticam quem as conquistou.

Essa é a falácia do mundo injusto. "Se você é rico, por que não distribui o seu dinheiro para os pobres?" As pessoas falam como se a riqueza do mundo fosse uma riqueza finita e não estivesse distribuída entre as pessoas por culpa de quem é rico. Em outras palavras: quem tem precisa distribuir.

O fato é que você usufruir da abundância na sua vida não acabará com a fome no mundo. Não acabará com o desemprego. Não fará as pessoas terem mais para viver. Pessoas prósperas desafiam a matemática lógica e vivem pelo princípio de que a escassez é somente o ponto de vista de quem ainda não conheceu a abundância.

E mais: parece contraditório, mas a maior distribuição de prosperidade que alguém pode fazer é ensinar o outro que ele tem a capacidade de prover seu próprio sustento. Quem tem fome precisa de comida, mas em seguida precisa ter sua dignidade devolvida e suas capacidades desenvolvidas, caso contrário será instalado nele o pensamento e o sentimento de que não consegue e que dependerá sempre da misericórdia e favor do próximo para se sustentar. Crenças são enraizadas assim.

A riqueza é infinita, principalmente no mundo em que vivemos hoje, pensando em crescimento, criptomoedas, dados e tecnologia. É justamente a má distribuição da riqueza que é o problema. Então pare e pense que não é porque alguém está ganhando muito que essa pessoa está tirando de outra. Essa é uma equação que não existe. Do mesmo modo, isso não significa também que, se eu dividir a minha riqueza com todos, eles vão prosperar. Você se lembra do que falamos sobre ter inteligência financeira para continuar multiplicando o próprio dinheiro? É exatamente essa a lógica.

A escassez não existe e vou mostrar para você agora como sei disso. Ela é somente um medo: o medo da falta. Geralmente, esse medo é gerado por uma sensação que temos dentro de nós. Tudo isso pode paralisar você, e quem está paralisado não produz. Vamos a um exemplo?

O Brasil desperdiça mais de 27 milhões de toneladas de comida por ano, segundo dados publicados em 2022.[11] No mundo, cerca de 17% de todos os alimentos produzidos são desperdiçados, segundo dados do início de 2023. Em outras palavras, 1,3 bilhão de toneladas de alimentos. E hoje, também a nível mundial, estima-se que cerca de 828 milhões de pessoas passam fome e 2,3 bilhões sofrem com a insegurança alimentar, que é o medo de não ter comida na mesa diariamente.[12]

Imagine quantas famílias não poderiam ser alimentadas com essas quantidades exorbitantes de comida desperdiçada, com uma melhor administração desses recursos. Saiba também que não estou tentando negar a realidade dizendo que não existe fome ou dificuldades, mas, sim, que o problema nunca foi a falta, e, sim, o acesso. O desperdício. A má gestão.

Ou seja, além de os recursos alimentares não serem finitos (nem toda alimentação é natural) como alguns dizem, os recursos financeiros também não o são. Eles são infinitos. Há alguns anos não existia criptomoedas e cartão de crédito e, se olharmos um pouco mais longe, a internet é nova quando comparada à história da humanidade. Empresas antes eram avaliadas em valores muito menores do que são hoje. Portanto, nunca será a solução pensar que o rico está tirando do pobre ou que não dar para o pobre é o problema da equação.

A falácia do mundo injusto é irreal e precisa sair da sua mente e de suas palavras. A riqueza é infinita. Todos têm a oportunidade de conquistar,

---

[11] BRASIL desperdiça mais de 27 milhões de toneladas de alimentos por ano. **G1**, 14 set. 2022. Disponível em: https://g1.globo.com/jornal-da-globo/noticia/2022/09/14/brasil-desperdica-mais-de-27-milhoes-de-toneladas-de-alimentos-por-ano.ghtml. Acesso em: 4 ago. 2022.

[12] DESPERDÍCIO de comida coloca em xeque a segurança alimentar. **Estadão**, 11 jan. 2023. Disponível em: https://summitagro.estadao.com.br/comercio-exterior/desperdicio-de-comida-coloca-em-xeque-a-seguranca-alimentar. Acesso em: 4 ago. 2023

incluindo você. Quando Deus nos fez à sua imagem e semelhança, Ele nos deu como similaridade a oportunidade de criar novas coisas, de inovar, de sermos criativos e solucionarmos problemas. Enquanto houver criatividade, haverá riquezas infinitas.

UMA MALDIÇÃO HEREDITÁRIA

O insucesso pessoal e financeiro não está ligado ao que aconteceu com sua família e seus antepassados. Calma, vou explicar.

Muitas pessoas acabam atribuindo a culpa da falta de resultados a outros fatores que aconteceram no passado. Exemplos: meu pai faliu, então jamais conseguirei fazer um negócio prosperar; minha família é pobre, então sempre serei pobre; minha família foi acometida por tal doença, por isso eu também serei; minha avó perdeu um filho e minha mãe também, então tenho a tendência de perder, da mesma maneira.

Quando quebrei a minha empresa, você acha que não pensei nisso, nessas histórias que nos contam e ficam gravadas em nosso subconsciente? Lógico que pensei. Queria uma muleta, uma explicação. Uma tal "maldição hereditária" para que eu pudesse culpar outras circunstâncias e acontecimentos em relação ao meu fracasso.

Mas a verdade é que eu era a culpada. Eu não havia administrado bem as finanças, não tinha uma reserva de emergência, não tinha múltiplas fontes de renda nem um sistema que multiplicasse o que eu já tinha. Eu tinha bens, mas não tinha liquidez. Não tinha conhecimentos de administração e inteligência emocional para lidar com a situação. Não previ os riscos, não tratei de me assegurar das possibilidades, fui impulsiva e imprudente.

Durante um tempo, eu disse que aquilo era espiritual, que minha família e a família do meu marido tinham passado por isso e que estávamos carregando essa maldição hereditária. Depois, com o tempo, parei e analisei: ué, se as coisas ruins que acontecem são "castigos" que recebemos pelo que nossos antepassados fizeram, por que as nossas conquistas e méritos são fruto do nosso trabalho e dedicação? Se o que é negativo é passado, o que é positivo também deveria ser. Entretanto, sabemos que somos responsáveis pelo nosso sucesso. Se a maldição hereditária fosse realmente verdade, a nossa família seria a responsável pelo nosso fracasso, mas não seria pelo nosso sucesso? Não faz sentido. Essa psicologia da desgraça não é verdadeira.

Enquanto houver criatividade, haverá riquezas infinitas.

@keniagamaoficial

O mesmo princípio deve funcionar para tudo. Saiba: você pode não ter vindo de uma família próspera, mas uma família próspera virá de você. Ponto-final! Para que você possa entender melhor, quero trazer um exemplo.

O direito de propriedade e sucessão exemplifica muito bem esse tema. Se você tem bens e imóveis, mas também tem uma dívida e acaba falecendo, a dúvida que fica é: quem pagará essa dívida? Seus filhos? Não. O seu espólio pagará essa dívida. Se você tem bens para quitar a dívida e ainda sobra um valor para os sucessores, esse valor será dividido. Se o espólio não for suficiente para quitar a dívida, a dívida morre com quem partiu e não passa para os filhos. E as leis humanas seguem as leis divinas. Sempre foi assim e sempre será.

Sendo assim, não faz sentido pôr a culpa pelos seus fracassos em seus antepassados, na mesma medida em que não justificamos nossos sucessos a outras pessoas que não nós mesmos. E veja que aqui não estou dizendo que nascer e crescer em uma família pobre não é difícil. Muito pelo contrário, sei que é, mas não é uma sentença. Sei também que é possível fazer diferente e atingir o sucesso. Então lembre-se de que, em todas as áreas da sua vida, você não precisa carregar o que deu errado para os seus familiares.

Existe um ditado que diz: "Homens fracos fazem tempos difíceis; tempos difíceis fazem homens fortes; homens fortes fazem tempos bons; e tempos bons fazem homens fracos". Com isso, quero mostrar que apesar de meus filhos terem acesso a tudo o que construí, eles também são diariamente incentivados a terem suas conquistas, como falei anteriormente. O meu sucesso financeiro não me fará criar filhos fracos, e sempre os ensinarei a construírem seus próprios castelos.

Exercício: quebre suas crenças

Agora que você sabe sobre todas as crenças que podem estar impedindo você de crescer financeiramente e a paralisando, quero propor um exercício. Em vez de continuar reafirmando coisas negativas para si mesma, você trocará essas afirmações negativas por outras, positivas. Você vai agora retirar o que é negativo e fez parte de sua infância, se despedir do sentimento de escassez, de dor, medo, tristeza e fracasso. Tudo isso passará a ser alegria, prosperidade, riqueza e generosidade. Você transformará essas crenças em sentimentos nobres!

Para isso, abaixo separei um espaço para que você pense em 10 afirmações ou crenças que percebeu estarem embutidas em sua vida. Depois de separar cada uma delas, quero que anote, no espaço correspondente, a substituição de cada uma delas por afirmações positivas.

Dois exemplos para que possa se inspirar:

Exemplo 1
Crença limitadora: aprender sobre riqueza é complicado.
Crença fortalecedora: o mindset próspero é bom e desejo tê-lo em minha vida.
Exemplo 2
Crença limitadora: estou acostumado com a pobreza e sei que esse é o meu destino.
Crença fortalecedora: aceito que as riquezas são infinitas e que a prosperidade é para mim.

Agora é a sua vez! Faça esse exercício sentindo a emoção da liberdade de deixar tudo isso isso no passado.

1

Crença limitadora: ....

Crença fortalecedora: ....

2

Crença limitadora: ....

Crença fortalecedora: ....

3

Crença limitadora: ....

Crença fortalecedora: ....

4

Crença limitadora: ....

Crença fortalecedora: ....

5

Crença limitadora: ....

Crença fortalecedora: ....

6

Crença limitadora: ....

Crença fortalecedora: ....

7

Crença limitadora: ....

Crença fortalecedora: ....

8

Crença limitadora: ....

Crença fortalecedora: ....

9

Crença limitadora: ....

Crença fortalecedora: ....

10

Crença limitadora: ....

Crença fortalecedora: ....

Com tudo isso em mãos, converse consigo mesma e releia as crenças para que possa internalizá-las e confiar naquilo que colocou como nova vida para si mesma.

Vejo você no próximo capítulo com a alma mais leve!

O dinheiro não muda ninguém, ele apenas potencializa quem você já é.

@keniagamaoficial

CAPÍTULO 4

Dinheiro chama dinheiro

Você já parou para pensar na diferença entre as definições de pobreza e de riqueza? A palavra "pobre" é originária do latim *pauper* e tem em sua etimologia as separações *pau* (pequeno) e *pario* (dou à luz).[13] Originalmente, referia-se a árvores que não se desenvolviam, não tinham raízes profundas nem copas resilientes ou frutos; e aos terrenos agrícolas ou gado que não produziam o desejado, ou seja, eram inférteis. Sendo assim, falamos, por exemplo, que uma árvore é pobre porque não dá frutos por estar em um terreno pobre, ou que uma vaca é pobre porque ela não consegue procriar.

Por outro lado, o contrário disso é a riqueza. Vamos ver os seus significados?

No dicionário Caldas Aulete,[14] temos que é "(1) qualidade ou condição de quem é rico"; "(2) conjunto de bens, posses etc., de pessoa, empresa ou país, passível de gerar renda; fortuna; patrimônio"; "(3) conjunto de produtos ou coisas valiosas"; "(4) a classe das pessoas ricas"; "(5) qualidade do que é abundante, variado etc.; suntuosidade". No Michaelis,[15] para riqueza existe um significado que abarca tudo o que quero trazer aqui: "Conjunto dos bens e recursos econômicos, da capacidade de produção e geração de renda, que possa atender às necessidades humanas".

Se temos na pobreza a falta do básico, na riqueza encontramos a abundância e a geração de renda para que possamos atender as necessidades humanas.

---

[13] POBREZA. *In*: WIKIPEDIA. Disponível em: https://pt.wikipedia.org/wiki/Pobreza#Etimologia. Acesso em: 18 set. 2023.

[14] RIQUEZA. *In*: DICIONÁRIO Caldas Aulete da língua portuguesa. Rio de Janeiro: Lexicon, 2019. Disponível em: https://www.aulete.com.br/riqueza. Acesso em: 30 ago. 2023.

[15] RIQUEZA. In: DICIONÁRIO Michaelis. São Paulo: Melhoramentos, 2023. Disponível em: https://michaelis.uol.com.br › palavra › riqueza. Acesso em: 17 out. 2023.

A verdade é que não damos aquilo que não temos, e para, então, poder ajudar o outro, é preciso ser abundante, ter mais que o bastante, transbordar. É por isso, também, que na pobreza existe o pensamento de escassez e o egocentrismo. Estamos sempre pensando que precisamos do necessário para nossa subsistência, não pensamos que devemos ter para poder dar. Existe um princípio: é melhor emprestar do que tomar emprestado.

E antes que você insista que dinheiro não traz felicidade ou que precisamos de pouco para sermos felizes, eu quero trazer uma reflexão. Já falamos que a relação dinheiro × felicidade é, ao mesmo tempo, autônoma e dependente, uma vez que o dinheiro não traz felicidade, e ele não traz mesmo, até porque a felicidade é um estado de espírito e não está diretamente ligada a quanto você ganha ou não.

Contudo o dinheiro assegura o básico, o essencial, uma condição de vida melhor. Com ele, você poderá ter uma saúde melhor, frequentar hospitais melhores, ter uma casa bonita e bem localizada, comprar roupas, sapatos e acessórios que vão fazer você se sentir melhor consigo mesma, pagar uma escola melhor para seus filhos, ter um carro bom que não trará prejuízos quebrando o tempo inteiro, ter sempre comida farta na mesa para a família toda e viajar com sua família todos os anos. Isso não parece felicidade? Para mim, com certeza, sim. O nome disso é conforto, e depois que todas essas coisas chegaram em minha vida, eu com certeza sou mais feliz. O dinheiro proporciona momentos inesquecíveis. E isso, sim, é primordial para que possamos viver prósperos.

Quando penso no dinheiro, não penso em escassez ou pobreza, porque na minha visão ele já está relacionado à prosperidade. Mas uma pessoa com dinheiro nem sempre é próspera, como vimos anteriormente. A prosperidade em minha vida está presente no meu relacionamento, nos valores que transmito aos meus filhos, no respeito que tenho por quem faz negócios comigo, na forma como a minha vida é conduzida. Prosperidade é uma palavra de conceito muito abstrato, na verdade, mas o dinheiro, não, ele é concreto. Diferenciar uma vida com ou sem ele é bem fácil.

Infelizmente, nem todas as pessoas conseguem entender que ele é um meio e não um fim. Ele é um catalisador. Não pode ser o seu senhor, não pode direcionar você, mas, sim, *impulsioná-la*. Trate-o como um agente de transformação que leva sua vida do ponto A ao ponto B, e aí podemos entender o ponto A como pobreza e o ponto B como prosperidade.

Mas a pergunta aqui é: será que é verdade que dinheiro chama dinheiro? Na minha experiência, sim e não. Sabe por quê? Dinheiro chama dinheiro sempre que você dominar a inteligência financeira para adquirir e multiplicar sua riqueza. Entretanto, ele não chama mais dinheiro se o que você ganhou é indevido e não foi adquirido por meio da inteligência financeira. Percebe a diferença?

Pelo que contei da minha história até aqui, você já sabe que não construí a vida que eu tenho nascendo herdeira, muito pelo contrário. Precisei trabalhar muito, estudar sobre o dinheiro e entender melhor como multiplicar a riqueza para que eu pudesse chegar aonde cheguei. Então aprendi algo nos últimos anos que quero compartilhar com você: o dinheiro proporciona a quem o tem novas oportunidades para conseguir fazer mais dinheiro.

E isso não significa que quem não tem jamais terá. Nada disso! O que quero dizer é que o dinheiro é a mola da prosperidade porque é a materialização dos recursos infinitos que existem em nosso planeta. E quanto mais as pessoas conquistam dinheiro, mais elas podem adquirir bens ou serviços, isto é, podem comprar e contratar. Como resultado, o dinheiro circula mais e tantas outras pessoas são abençoadas com prosperidade. Ou seja, mais produtividade.

Sendo assim, quero que você comece a pensar que ele trará mais investimentos e oportunidades. Uma nova sociedade, parcerias, conhecimento e, obviamente, mais riqueza são consequências disso. Então, antes de avançarmos, quero que a nossa conversa siga por um novo caminho. Vamos entender melhor sobre a história do dinheiro?

O COMEÇO DE TUDO

O dinheiro não começou como o conhecemos hoje: um pedaço de papel com valores escritos. Você sabia que sal grosso, aguardente, tabaco, peixe seco, penas e couro já foram moedas de troca em tempos antigos? Resumindo muito a história, os nossos antepassados criaram a agricultura, e o dinheiro surgiu a partir dessa criação como necessidade de troca de objetos entre os povos.[16] Acredito que, se a sociedade explicasse melhor a origem do dinheiro, ele não seria tão demonizado como é hoje.

---

16 VERSIGNASSI, A. A origem do dinheiro: uma breve história de 4 mil anos. **VC/SA**, 13 nov. 2020. Disponível em: https://vocesa.abril.com.br/sociedade/a-origem-do-dinheiro-uma-historia-de-4-mil-anos. Acesso em: 7 ago. 2023.

Muito antes de Cristo, as pessoas precisavam trocar itens e, assim, o dinheiro surgiu. Por exemplo, se eu plantava arroz e precisava de uma carroça nova, poderia usar o meu arroz como moeda de troca para conseguir esse item. A mesma coisa acontecia com a pesca e com quem criava gado. Produtos e serviços eram trocados entre povos para que se conseguisse suprir as necessidades de toda a família.

Essa foi a era do escambo. Os seres humanos viveram trocando e consumindo por muitos e muitos anos, porém nem sempre se equilibrava bem as vantagens obtidas nesse sistema. O problema era que cada um poderia atribuir o valor que quisesse aos seus produtos, e, às vezes, era difícil colocar preço no material, porque alguns produtos eram mais escassos e outros demandavam diferentes tipos de investimento, gerando diferenças e problemas no que precisava ser trocado e adquirido, muitas vezes, até mesmo inviabilizando a transação.

Como o sal grosso, a aguardente, o tabaco, o peixe seco, as penas e o couro eram produtos que tinham valor percebido mais alto, transformaram-se em formas iniciais de pagamento, uma vez que não existia uma moeda em circulação.

O sal, por exemplo, foi uma ótima maneira que eles encontraram de ter uma moeda que fizesse sentido e tivesse utilidade, ajudando a conservar os alimentos por mais tempo. Por exemplo, se não existia geladeira, como manter as carnes conservadas? Com o sal. Então além de ser um produto com alta demanda e utilidade, ele era fácil de transportar e relativamente raro, pois a dessalinização era um processo difícil e complexo. Apesar de não ser precioso como o ouro ou as pedras preciosas, o sal dava aos nômades uma das primeiras tecnologias que poderiam ser utilizadas: a de conservação dos alimentos.

Os nômades caçavam o tempo todo, mas desperdiçavam muito porque não tinham como conservar a caça. Por isso, quero adiantar aqui que conservar riquezas é tão importante quanto ganhá-las. Ganhar requer esforço e ação, administrar e multiplicar requer maturidade e entendimento do ciclo próspero. E como podemos fazer essa analogia com a inteligência financeira? Vejo todos os dias mulheres dizendo que faturam bem, mas que não sobra dinheiro no fim do mês. Percebe qual é a lógica? Conservar e administrar é tão importante quanto ganhar.

Por fim, etimologicamente falando, o sal deu tão certo que até hoje pagamos o "salário", uma palavra que surgiu com os legionários romanos.[17]

---

17 VERSIGNASSI, A. *op. cit.*

As moedas surgiram somente após a descoberta dos metais, e assim ficou mais simples transportar e fracionar as trocas. O primeiro metal utilizado foi o cobre, e iniciou-se desse modo o sistema de remuneração e compras que conhecemos hoje. A moedas-mercadorias tinham um valor ditado e foi através dos Estados que elas passaram a ter valor e visibilidade. [18]

Está vendo como não há nada de errado com o dinheiro? Ele não é, definitivamente, um problema. A falta dele, sim, pode se tornar um grande pesadelo em sua vida, pois não consigo imaginar uma pessoa feliz com ligações de cobrança, energia elétrica cortada ou sem dinheiro para comprar alimentos. Você consegue? Com certeza, não.

As crenças de que o dinheiro é ruim estão enraizadas em nossa sociedade e surgiram a partir de bases da colonização e educação religiosa. Mas, ao prosseguir com a leitura deste livro, cada vez mais verá que isso fará parte do seu passado e, antes do fim, já terá ressignificado essa página da sua história, pode confiar em mim. Agora que você já fez o exercício da quebra de crenças, que vimos no capítulo anterior, está mais bem-preparada para lidar com as informações sobre o dinheiro.

É POSSÍVEL ESTAR NAS ESTATÍSTICAS POSITIVAS

Mente quem diz que existe uma relação direta entre dinheiro e escolaridade, porque muitas pessoas com pouco estudo conseguiram acumular dinheiro e viver uma vida com riqueza. Mas é claro que não posso negligenciar os dados que dizem que, quanto maior a escolaridade, maior é a renda de alguém. Entretanto, o meu ponto aqui é: não acredito que a riqueza esteja ligada direta ou somente à escolaridade, mas também ao ambiente e às pessoas com quem convivemos à medida que nos escolarizamos.

Se observar os detalhes, existem homens do campo e pessoas de comunidades mais humildes que têm casa própria e carro na garagem. Isso é ter dinheiro e, para alguns, é sinônimo de ser bem-sucedido. Ainda nesse raciocínio, tente imaginar agora quantas pessoas você conhece com faculdade, pós-graduação, cursos de extensão, mas que estão há muito tempo

---

[18] SOUZA, T. Como surgiu o dinheiro. **Toda Matéria**. Disponível em: https://www.todamateria.com.br/como-surgiu-o-dinheiro/. Acesso em: 7 ago. 2023.

desempregadas ou ganhando bem abaixo do que seria compatível com a profissão que escolheram? Essa é uma situação comum.

Justamente por isso não acredito que exista uma regra absoluta que relacione nível de instrução a dinheiro no bolso. Como empresária, vejo todos os dias um abismo entre escolaridade e remuneração. Por "escolaridade", entenda principalmente a escola tradicional; cursos livres, livros, mentorias e conhecimento específico são fundamentais para o desenvolvimento financeiro e a construção de riqueza.

O dinheiro não está ligado à escolaridade pura e simplesmente, ele está atrelado à mentalidade que você aprende a construir sobre ele, com a qual, inclusive, não nascemos. Essa mentalidade não nasce pronta, começamos nossa história como uma tela em branco para ser pintada a partir das informações que recebemos. Nossas percepções sobre o mundo são construídas ao longo do tempo.

Eu sou o exemplo vivo de que é possível ter mais, mesmo em condições adversas. Já falei disso no início do livro, mas não custa relembrar. Eu era uma pessoa que não queria dinheiro e dizia que ele me traria problemas. Eu já havia passado pela faculdade, falava duas línguas e era empresária quando repetia isso. Só depois que consegui ressignificar minhas crenças e me abrir ao dinheiro, pude olhar meu passado de pobreza e deixá-lo para trás. Foi libertador!

Talvez, se fosse analisar melhor, eu não estaria aqui escrevendo este livro se um dia, dentro de mim, não tivesse iniciado a chama do desejo por mais. E acredito ser possível despertar esse desejo em todo mundo, até porque cada vez mais as pessoas entendem a importância de ter mais riqueza para melhorar a vida. Com isso, o número de pessoas ricas no mundo cresce todos os anos. Vamos ver alguns dados?

Em abril de 2023, a revista *Forbes* fez uma apuração e compartilhou os resultados mostrando que existem, hoje, 2.640 bilionários espalhados por 77 países ao redor do mundo. Em 2022, o número estava distribuído em apenas 75 países; entretanto, agora, temos nessa lista o Panamá e a Armênia como novas adições. Os Estados Unidos lideram a lista, com 735 pessoas que vivem em uma condição de extrema riqueza. A China, segunda colocada, segue com 539. E o Brasil, para que você possa entender as nossas possibilidades, está na 9ª posição com 62 bilionários.[19]

---

19 HYATT, J. Bilionários 2023: os países com mais cidadãos super-ricos este ano. **Forbes**, 8 abr. 2023. Disponível em: https://forbes.com.br/forbes-money/2023/04/bilionarios-2023-os-paises-com-mais-cidadaos-super-ricos-este-ano/. Acesso em: 7 ago. 2023.

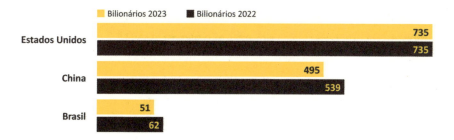

Desses dados, a *Forbes* também mostrou a presença feminina nessa categoria. São 337 bilionárias em todo o mundo, um lugar que ainda está crescendo e abre portas para muitas outras mulheres.[20]

Todas essas fortunas, quando somadas, totalizam 12,2 trilhões de dólares e o nosso país tem perspectiva enorme de crescimento.[21] A CNN Brasil publicou uma matéria falando que o Brasil prevê um aumento de 23% até 2025 dos super-ricos, ou seja, aqueles com fortuna acima dos 30 milhões de dólares,[22] e a previsão geral é que, até 2026, o nosso país tenha 572 mil milionários, ou seja, pessoas com fortuna superior a 1 milhão de reais.[23]

[20] GOMES, G. Quem são as mulheres na lista de bilionários 2023. **Forbes**, 4 abr. 2023. Disponível em: https://forbes.com.br/forbes-mulher/2023/04/quem-sao-as-mulheres-na-lista-de-bilionarios-2023/#foto3. Acesso em: 7 ago. 2023.

[21] BILIONÁRIOS 2023: fortuna dos super-ricos do mundo atinge US$ 12,2 trilhões. **Forbes**, 4 abr. 2023. Disponível em: https://forbes.com.br/forbes-money/2023. Acesso em: 7 ago. 2023.

[22] VILLAS BÔAS, B. Brasil deve ganhar 100 mil novos milionários até 2025, diz consultoria britânica. **CNN**, 3 ago. 2021. Disponível em: https://www.cnnbrasil.com.br/economia/brasil-deve-ganhar-100-mil-novos-milionarios-ate-2025-diz-consultoria-britanica/. Acesso em: 7 ago. 2023.

[23] BRASIL terá mais de 500 mil milionários até 2026, estima Credit Suisse. **Gazeta do Povo**, 21 set. 2022. Disponível em: https://www.gazetadopovo.com.br/economia/breves/brasil-tera-mais-de-500-mil-milionarios-ate-2026-estima-credit-suisse/. Acesso em: 9 ago. 2023.

Isso tudo mostra como podemos almejar algo que está ao nosso alcance. Lembra-se de que falei que as riquezas não são escassas? É justamente isso que quero trazer aqui. A riqueza distribuída no mundo está cada vez maior, e mais pessoas têm a chance de melhorar a própria situação de vida. Entretanto, como vimos, adquirir riqueza não é o mesmo que mantê-la.

Certamente você já ouviu sobre alguém que ganhou um prêmio, como o do Big Brother Brasil, e hoje não tem mais nada, como foi o caso do Rodrigo "Cowboy", que ganhou 500 mil reais na segunda edição, em 2002, e perdeu tudo em um investimento errado.[24] Essa não é uma história isolada, pois a quantidade de pessoas que ganharam muito dinheiro e perderam tudo é enorme.

Pessoas sem o mindset da prosperidade dificilmente permanecem ricas por muito tempo. O dinheiro pode ser seu amigo, um grande aliado, mas, se ele não perceber que é bem-vindo, ou se for desvalorizado por você, vai embora tão rápido quanto chegou, porque inconscientemente é você quem mantém ou afasta tudo o que está na sua vida.

Frequentemente, a mídia nos traz casos de ganhadores de prêmios da loteria que, após terem sido milionários, estão endividados ou vivendo em situações ruins. E isso aconteceu na vida de Alex e Rhoda Toth. Em 1990, eles ganharam 13 milhões de dólares na loteria dos Estados Unidos e tomaram uma série de decisões ruins em relação ao prêmio. Foram morar em um hotel com seus 6 filhos, viajaram para Las Vegas e apostaram altas quantias nos jogos e, assim, em apenas 15 anos, eles retornaram à pobreza em que viviam antes.

O caso do brasileiro Antônio Domingos também ilustra bem essa situação. Em 1983, ele ganhou 30 milhões de reais na loteria e viveu uma vida de luxo por cinco anos até o dinheiro acabar. De tudo que ganhou, não sobrou nada, e ele não investiu nem no maior sonho de sua mãe, que era o de ter uma casa própria.[25]

Há também a história de uma mulher de sucesso inteligente, dona do próprio negócio, que veio conversar comigo assim que me tornei sua mentora. Ela

---

24 DO MILHÃO ao zero? Quem são os vencedores do BBB que torraram o prêmio. **Splash**, 9 jan. 2023. Disponível em: https://www.uol.com.br/splash/noticias/2023/01/09/os-ex-bbbs-que-gastaram-o-premio.htm. Acesso em: 7 ago. 2023.

25 4 GANHADORES da loteria que ficaram milionários e perderam tudo. **Estadão**, 30 abr. 2020. Disponível em: https://einvestidor.estadao.com.br/comportamento/ganhadores-loteria-que-perderam-tudo/. Acesso em: 7 ago. 2023.

relatava que, após receber 500 mil reais, em apenas três meses não tinha mais nada desse dinheiro na conta, sem ter adquirido nenhum bem que acrescentasse valor ao seu patrimônio. Quando pedi detalhes da história, ela contou que, após receber o dinheiro, seu pai começou a reclamar que ela estava diferente, sem tempo para ele e que estavam se vendo muito pouco. Querendo estar próxima do pai e se sentir amada, inconscientemente ela começou a tomar ações que colocavam o dinheiro em risco e, pouco a pouco, ficou sem nada.

Talvez você não tenha parado para analisar, mas também sou um ótimo exemplo de como a falta de administração da riqueza nos afasta da prosperidade. Eu já era uma empresária bem-sucedida quando quebrei com uma dívida de milhões, não porque fosse impossível pagá-la, mas porque não fazia uma reserva correta do dinheiro que recebia e negligenciava a administração dele. Bastou o governo não honrar um pagamento e logo eu estava devendo a todos os meus fornecedores. Pior do que isso: cheguei a não ter dinheiro para honrar os compromissos de casa, desestruturando toda a minha família.

Pare para pensar agora: você conhece alguém que foi muito bem-sucedido e faliu? Em meu círculo social, é muito comum ouvirmos histórias que seguem essa lógica. Isso demonstra que as pessoas têm a habilidade de ganhar dinheiro, mas, em geral, não têm a habilidade de administrar e multiplicar as riquezas que recebem.

Como dito no capítulo anterior, de acordo com um estudo feito pela Organização para a Cooperação e Desenvolvimento Econômico (OCDE), as famílias brasileiras podem levar até nove gerações para alcançar a renda média.[26] Mesmo que devagar, ouso dizer que esse número pode diminuir substancialmente a partir do momento que você está aqui tomando consciência de tudo o que estamos vendo juntas. Se você vence essa barreira e se torna a primeira milionária da sua família e ensina princípios aos seus filhos, você servirá de inspiração a quem está ao seu redor, e eles também cumprirão esse papel. Não precisamos esperar nove gerações, precisamos ser as mulheres que mudarão isso. Mulheres fortes criam filhos fortes, mulheres prósperas mudam uma geração.

---

26 BBC. Famílias pobres brasileiras levariam 9 gerações para alcançar renda média, diz OCDE. **G1**, 15 jun. 2018. Disponível em: https://g1.globo.com/politica/noticia/familias-pobres-brasileiras-levariam-9-geracoes-para-alcancar-renda-media-diz-ocde.ghtml. Acesso em 7 ago. 2023.

Mulheres fortes criam filhos fortes, mulheres prósperas mudam uma geração.

@keniagamaoficial

Eu gosto muito de uma frase de Isaac Newton que diz: "Se eu vi mais longe, foi por estar sobre ombros de gigantes".[27] Eu estou sendo agora essa visão para você e espero que, ao fim deste livro, você seja tão próspera que possa revolucionar todos ao seu redor com tamanha prosperidade que gerará.

A HISTÓRIA DO FILHO PRÓDIGO

Na Bíblia, existem muitas lições de prosperidade e riqueza, porque Deus não criou nada que seja bom para ser limitado. Creio nisso e trago essa consciência para a minha vida diariamente, aplicando-a na maneira como conduzo minha vida, com minha família, em minha vida espiritual e em meus negócios. Vale reforçar que essa infinidade de bens e recursos é válida, desde que seja conquistada de forma lícita e seja devidamente administrada. Receber dinheiro como remuneração pelo seu trabalho é uma coisa, fazê-lo se multiplicar em prosperidade é outra, e não permitir que ele se acabe é um outro passo ainda mais avançado, como explicou Jesus em sua passagem por aqui.

Segundo as palavras Dele, quero que você acompanhe agora a história do filho pródigo, que mostra que precisamos absorver a riqueza escondida nas entrelinhas.

> Jesus continuou: "Um homem tinha dois filhos. O mais novo disse ao seu pai: 'Pai, quero a minha parte da herança'. Assim, ele repartiu sua propriedade entre eles.
> "Não muito tempo depois, o filho mais novo reuniu tudo o que tinha e foi para uma região distante; e lá desperdiçou os seus bens vivendo irresponsavelmente. Depois de ter gastado tudo, houve uma grande fome em toda aquela região, e ele começou a passar necessidade. Por isso, foi empregar-se com um dos cidadãos daquela região, que o mandou para o seu campo a fim de cuidar dos porcos.
> "Ele desejava encher o estômago com as vagens de alfarrobeira que os porcos comiam, mas ninguém lhe dava

---

27 NEWTON, I. Se eu vi mais longe, foi por estar sobre... **Pensador**. Disponível em: https://www.pensador.com/frase/MTMwMjY/. Acesso em: 18 set. 2023.

nada. Caindo em si, ele disse: 'Quantos empregados de meu pai têm comida de sobra, e eu aqui, morrendo de fome! Eu me porei a caminho e voltarei para meu pai, e lhe direi: Pai, pequei contra o céu e contra ti. Não sou mais digno de ser chamado teu filho; trata-me como um dos teus empregados'.

"A seguir, levantou-se e foi para seu pai. Estando ainda longe, seu pai o viu e, cheio de compaixão, correu para seu filho, e o abraçou e beijou.

"O filho lhe disse: 'Pai, pequei contra o céu e contra ti. Não sou mais digno de ser chamado de teu filho'.

"Mas o pai disse aos seus servos: 'Depressa! Tragam a melhor roupa e vistam nele. Coloquem um anel em seu dedo e calçados em seus pés. Tragam o novilho gordo e matem-no. Vamos fazer uma festa e comemorar. Pois este meu filho estava morto e voltou à vida; estava perdido e foi achado'. E começaram a festejar.

"Enquanto isso, o filho mais velho estava no campo. Quando se aproximou da casa, ouviu a música e a dança. Então chamou um dos servos e perguntou-lhe o que estava acontecendo. Este lhe respondeu: 'Seu irmão voltou, e seu pai matou o novilho gordo, porque o recebeu de volta são e salvo'.

"O filho mais velho encheu-se de ira, e não quis entrar. Então seu pai saiu e insistiu com ele. Mas ele respondeu ao seu pai: 'Olha! todos esses anos tenho trabalhado como um escravo ao teu serviço e nunca desobedeci às tuas ordens. Mas tu nunca me deste nem um cabrito para eu festejar com os meus amigos. Mas quando volta para casa esse seu filho, que esbanjou os teus bens com as prostitutas, matas o novilho gordo para ele!'

"Disse o pai: 'Meu filho, você está sempre comigo, e tudo o que tenho é seu. Mas nós tínhamos que comemorar e alegrar-nos, porque este seu irmão estava morto e voltou à vida, estava perdido e foi achado'."

(Lucas 15:11-32)

Você percebe que receber é apenas o primeiro passo? Saber reter, administrar e multiplicar para que não se volte a viver em escassez é o que requer mais sabedoria. O rapaz que pediu para tomar posse adiantada da sua herança não estava preparado para isso, se iludiu com os encantos do mundo e se cercou de pessoas erradas.

Sendo assim, aqui cabe mais um ensinamento: busque se cercar de quem tem a mesma visão de prosperidade que você. Livre-se da Síndrome da Branca de Neve, você não precisa de pessoas pequenas (e aqui não estou falando no sentido literal, mas na mentalidade pequena) ao seu redor. Não estou dizendo que deve se cercar de ricos ou de pessoas com o mesmo padrão financeiro, mas sim da mesma visão de prosperidade, pois com elas você terá um ambiente sadio e de desenvolvimento pessoal, com troca de conhecimento relevante para ajudar você a chegar aonde deseja.

Vivemos em um mundo em que a nossa atenção é frequentemente desviada para a materialidade das coisas e, na ânsia de ter cada vez mais, de usufruir do que o mundo oferece e salienta em seus desejos, sem perceber você pode estar desperdiçando as bênçãos materiais que Deus entrega em sua vida. Sei que você já sabe disso, ou ao menos já ouviu isso, mas será que está com atenção às suas ações para não cometer este tipo de erro? Para não se deixar viver na ilusão de apenas ter dinheiro? É preciso aprender muito mais do que fazer investimentos, é preciso pensar como os ricos bem-sucedidos pensam.

Na parábola, vimos que não se trata de merecer ou não o dinheiro, pois o pai disponibiliza os recursos ao filho sem questionar o merecimento. E sem repudiá-lo, ele, além de o aceitar de volta, comemora sua chegada e o coloca na posição de tão rico quanto o filho que esteve ao seu lado sem se afastar. Mas não se engane com relação a isso, pois raramente após perder tudo a vida vai repor a você os bens, com tanta facilidade e na mesma medida, sem esforço e aprendizado. Eu sei na pele o que é isso. Portanto, siga os ensinamentos que vimos aqui e tenha a consciência de que, embora o dinheiro não seja o seu senhor, ele também merece respeito.

Exercício: insights de prosperidade

Pensando em tudo o que vimos no capítulo, quero que você pare um momento e faça um exercício de reflexão. Pense nas pessoas do seu círculo social, nos dados de riqueza que vimos anteriormente e anote abaixo os insights que aparecem em sua mente agora. Você pode até mesmo elencar ações que gostaria de tomar a partir de agora para cuidar melhor do dinheiro e respeitá-lo adequadamente.

Insights

....

....

....

....

....

....

Ações

1. ....

2. ....

3. ....

4. ....

5. ....

Agora que você já sabe como o dinheiro chama dinheiro se você o ganha a partir da inteligência financeira, já sabe que ele é uma benção e não uma maldição, que ele aproxima você de Deus e faz de você uma pessoa humilde, que ele incentiva você a crescer e produzir. Como agora já entendeu o dinheiro a partir da história do seu surgimento e como isso tem início a partir de um plano de ação em mãos, vamos para o próximo capítulo, no qual falei sobre a receita para gerar riqueza em sua vida.

Livre-se da Síndrome da Branca de Neve, você não precisa de pessoas pequenas (e aqui não estou falando no sentido literal, mas na mentalidade pequena) ao seu redor.

@keniagamaoficial

CAPÍTULO 5

Receita para a riqueza

Tudo em nossa vida começa com uma decisão. Alguns acham que não, mas eu acredito muito nisso. Precisamos decidir estar com nossa família e nossos filhos para viabilizar que isso aconteça; precisamos decidir que nossa vida prosperará, decidir que vamos demonstrar amor para nosso marido, decidir que vamos utilizar os nossos talentos para impulsionar os negócios, decidir acerca de todos os aspectos da vida. A decisão é um primeiro passo que precisa acontecer para que possamos avançar e ter êxito em qualquer projeto ou sonho. Partindo desse princípio, portanto, enriquecer é, sim, uma decisão que, em algum momento, precisa ser tomada na sua vida. Eu sou grata a Deus por a ter tomado um dia.

Então quero que você comece este capítulo sabendo que é preciso decidir ter o dinheiro por perto e mantê-lo ali. E isso é muito difícil, pois envolve ter responsabilidades diferentes das que você tinha até então. Depois de decidir viver em abundância, você passa ao próximo passo, que é elaborar uma forma de construir riqueza. E só assim poderá viver em plena prosperidade. Pessoas prósperas esbanjam soluções, harmonia, conseguem ter noites de sono e não temem o futuro.

Pessoas prósperas confiam que elas sempre terão dinheiro porque sabem que construir e reter riqueza já faz parte da vida delas. Pessoas prósperas sabem que precisam utilizar o que é melhor em si para ganhar mais, gastar menos e multiplicar o que têm. Em outras palavras, a parábola dos talentos cai como uma luva na ideia que quero apresentar a você.

> E também será como um homem que, ao sair de viagem, chamou seus servos e confiou-lhes os seus bens. A um deu cinco talentos; a outro, dois; e a outro, um; a cada um de acordo com a sua capacidade. Em seguida partiu de viagem.

RECEITA PARA A RIQUEZA **97**

O que havia recebido cinco talentos saiu imediatamente, aplicou-os, e ganhou mais cinco. Também o que tinha dois talentos ganhou mais dois. Mas o que tinha recebido um talento saiu, cavou um buraco no chão e escondeu o dinheiro do seu senhor.

Depois de muito tempo, o senhor daqueles servos voltou e acertou contas com eles. O que tinha recebido cinco talentos trouxe os outros cinco e disse: "O senhor me confiou cinco talentos; veja, eu ganhei mais cinco".

O senhor respondeu: "Muito bem, servo bom e fiel! Você foi fiel no pouco; eu o porei sobre o muito. Venha e participe da alegria do seu senhor!".

Veio também o que tinha recebido dois talentos e disse: "O senhor me confiou dois talentos; veja, eu ganhei mais dois". O senhor respondeu: "Muito bem, servo bom e fiel! Você foi fiel no pouco; eu o porei sobre o muito. Venha e participe da alegria do seu senhor!".

Por fim, veio o que tinha recebido um talento e disse: "Eu sabia que o senhor é um homem severo, que colhe onde não plantou e junta onde não semeou. Por isso, tive medo, saí e escondi o seu talento no chão. Veja, aqui está o que lhe pertence".

O senhor respondeu: "Servo mau e negligente! Você sabia que eu colho onde não plantei e junto onde não semeei? Então você devia ter confiado o meu dinheiro aos banqueiros, para que, quando eu voltasse, o recebesse de volta com juros. Tirem o talento dele e entreguem-no ao que tem dez. Pois a quem tem, mais será dado, e terá em grande quantidade. Mas a quem não tem, até o que tem lhe será tirado. E lancem fora o servo inútil, nas trevas, onde haverá choro e ranger de dentes".

(Mateus 25:14-30)

Essa parábola é poderosa para mostrar como precisamos cuidar de nossos recursos. Cada um de nós recebeu conforme a nossa capacidade, habilidades e características para que possamos melhorar a nossa qualidade de vida. Cuidar e fazer prosperar esses talentos é uma responsabilidade que precisamos ter. É uma habilidade que precisamos adquirir e aperfeiçoar. E se refletirmos sobre esse ensinamento, veremos a fundo porque a uns foi distribuído mais do que a outros.

Assim como em uma organização, quem é capacitado recebe algumas tarefas mais complexas, com mais responsabilidade e, como consequência, tem um cargo melhor, com mais privilégios e maior remuneração. Como se fosse administrador do reino. Quando o assunto é talentos, quero que você pense não apenas na quantidade de dinheiro que os servos recebe-ram, mas, sim, nas características e habilidades que precisam ser desen-volvidas para que possamos avançar. Os talentos que recebemos, quando não são bem cuidados, assim como o terceiro servo fez, são passados para outras pessoas que vão cuidar melhor deles. Se você não está utilizando suas habilidades para cuidar do dinheiro e ele sente que não é bem-vindo, ele vai embora.

Por isso é tão importante tomar a primeira decisão necessária para cons-truir a riqueza que sempre sonhou. Você precisa olhar para si mesma e re-petir: "Eu decido hoje cuidar do dinheiro para que ele se sinta bem-vindo e prospere em minha vida".

Agora que tomou essa decisão, você está pronta para os próximos passos: falaremos sobre algumas mentiras que contam para você e precisam ser des-mistificadas; depois, sobre empreender; e finalizaremos o nosso momento aqui juntas com a tríade da riqueza, que é uma ferramenta poderosa para que você entenda como é possível fazer com que o dinheiro se multiplique em sua vida.

NÃO SE ILUDA: A VERDADE LIBERTA

Hoje, principalmente com o fácil acesso às informações pelo desenvolvimen-to da tecnologia e das redes sociais, está cada vez mais simples propagar mentiras que iludem e enganam. Concorda?

Pensando sobre isso, quero falar sobre seis crenças que escutamos por aí e que podem estar destruindo as suas possibilidades de enriquecer porque deturpam o seu entendimento sobre como construir a riqueza. E, consideran-do o compromisso que assumi de guiar você durante essa jornada, falaremos de cada uma delas de modo que você saiba da verdade. Vamos lá?

Poupe e você enriquecerá

Poupar, em outras palavras, é economizar, guardar dinheiro, tirar uma parte do que ganha e deixar separado. E tem muitas pessoas que acreditam que, para sair das dívidas ou nunca entrar nelas, é preciso poupar a vida toda. Para isso, deixam de comer fora, colocam dinheiro na poupança, não compram roupas caras (ou não compram roupas nunca), não investem em cursos para os filhos e olham cada centavo gasto no mercado para diminuir as despesas.

Concordo que gastar menos é importante – e falaremos disso mais adiante neste capítulo. Entretanto, poupar não fará você enriquecer. Não é cortando os "centavinhos" que as coisas vão mudar, ou que você verá sua conta recheada e se sentirá uma mulher verdadeiramente rica. E sabe como sei disso? Veja essa história.

Em determinado momento, ouvi uma pessoa contando que cresceu em uma família que a ensinara a poupar para nunca faltar. E assim ela seguiu. Passou vinte anos trabalhando e depositando parte do dinheiro em uma poupança. Estava, na realidade, repetindo o comportamento dos pais, pois foi assim que aprendeu que era o certo. Viveu com muitas limitações porque nunca se permitiu sair da rotina para não deixar de poupar.

Não tirava férias, não passeava com os amigos, não viajava, não fazia nada além da obrigação com os filhos, só ia ao cabeleireiro em último caso, e assim passou a vida. Namorou, casou-se e viveu por todos esses anos com alguém com um pensamento parecido.

Em nosso papo, perguntei se ela estava rica, uma vez que havia poupado e deixado o dinheiro na poupança durante todos esses anos. Ela respondeu: "Consegui comprar um apartamento e não me preocupo mais em pagar aluguel". Importante, não é? Sim, é muito importante, entretanto não foi essa atitude que a levou à riqueza.

Metas são importantes, mas ela passou a vida inteira colocando o dinheiro na poupança e o máximo que conseguiu foi ter um imóvel que aliviaria uma de suas contas. E todas as outras? E ter uma vida confortável, poder viajar, proporcionar o melhor para seus filhos? Como ficam todas as outras áreas da vida? Elas não avançam, é óbvio.

Todos somos livres para pensar, desejar e conquistar, mas não quero que você se iluda com essa primeira crença. Poupar não deixará você rica, tampouco fará isso o fato de colocar o dinheiro na poupança. Enquanto escrevo este livro, a taxa Selic está 13,25% ao ano e a poupança está rendendo 8,41% ao ano e 0,6589% ao mês.[28] Com certeza a poupança é melhor do que colocar o dinheiro embaixo do colchão, mas ainda assim é um investimento pequeno para a riqueza que você merece. Então quero que você apague da sua mente essa primeira crença e entenda que gastar menos é importante, mas a receita para a riqueza vai em outra direção.

Quero também que acredite nisto: aplicar em investimentos mais rentáveis e até mais seguros que a poupança é, sim, inteligente; contudo, ninguém fica rico poupando ou investindo em fundos ou papéis com rendimentos de aproximadamente 1% ao mês. Pessoas que multiplicam sua riqueza no mercado de investimentos a constroem fora dele.

Para amanhã não tenho planos

Muitas pessoas acham que não devem se programar. Concordo que viver o presente é uma dádiva e que o amanhã não nos pertence, entretanto não planejar, não olhar o futuro e não fazer o que é preciso para ter uma vida melhor também não é o caminho.

Em outra ocasião, conheci uma mulher que se queixava da vida que estava levando porque não conseguia guardar nada do que ganhava. Enquanto falávamos, contou que passou a vida inteira sem se preocupar em poupar, gastou tudo o que sempre ganhou, viajou sempre e agora não tinha uma reserva de emergências para começar o negócio que estava imaginando. Possuía um único bem: um apartamento que conseguiu a partir de uma entrada e prestações que foram pagas como se fosse um aluguel.

Essa mulher, assim como na história anterior que contei, também não pagava aluguel, mas não tinha nada porque nunca se preocupou com o futuro. Observe que são comportamentos opostos e eles levam ao mesmo destino. Apenas poupar não é a solução, tampouco viver gastando tudo o que se ganha. Ambas não têm prosperidade na vida. Por isso, precisamos ser inteligentes e não nos deixar levar pelas circunstâncias.

---

28 GALHARDO, A. Rendimento da poupança hoje e acumulado em 2023. **Remessa Online**, 20 set. 2023. Disponível em: https://www.remessaonline.com.br/blog/rendimento-da-poupanca-saiba-quanto-rende-de-juros-hoje. Acesso em: 17 out. 2023.

Tenha planos para o amanhã! Porque ele chega, cobra o seu preço e você não pode contar com o dinheiro que não tem, assunto sobre o qual falaremos no próximo tópico.

Pagando a viagem em doze parcelas

Como você já sabe, um dos motivos pelos quais digo que eu não tinha inteligência financeira e por isso quebrei o meu negócio foi porque eu não tinha uma reserva de emergências, não tinha caixa, administrava mal o dinheiro e acredite: fazia contas a longo prazo.

Quando você compra uma viagem – ou qualquer outro produto ou serviço – e parcela esse valor em quantias que seguem a perder de vista, você está comprometendo um dinheiro que ainda não tem. Imagine comprar uma viagem de 5 mil reais, parcelados em 10x de 500. Todos os meses, você comprometeu seu salário em uma quantia alta, se formos considerar o salário da maior parte dos brasileiros. Imagine que, nesse caso, você perde o emprego e não tem mais uma fonte de renda. Como pagar esse valor?

Foi exatamente o que aconteceu comigo! Além de todos os problemas que contei anteriormente, eu ainda tinha parcelas nos meus cartões que estavam comprometendo o dinheiro que eu ainda não tinha.

É ilusão achar que você vive uma vida de prosperidade e riqueza comprometendo recursos que não estão com você. Cuidado com esse tipo de atitude! A não ser que você tenha fluxo de caixa ou uma certeza das receitas que entrarão, não comprometa o seu dinheiro. E se esse for o caso, é mais inteligente, sim, comprar parcelado, porque você acumula milhas, pode deixar o dinheiro aplicado ou multiplicá-lo de alguma maneira.

É óbvio também que, em alguns momentos da nossa vida, teremos que fazer financiamentos ou tomarmos empréstimos para viabilizarmos os nossos sonhos, e se tudo for feito de forma muito pensada e estudada, é válido. Gastar é muito diferente de investir. Caso contrário, só se comprometa com aquilo que você pode e não aumente o seu padrão de vida enquanto não for possível.

Vou ficar rico investindo

Já falei sobre isso e vou insistir aqui. Vejo muitas pessoas postando vídeos e conteúdos sobre como é possível ficar rico investindo 50 ou 100 reais por mês. Veja bem, se você caiu nesse papo, saiba que não está sozinho e que precisamos conversar sobre isso.

Não discordo de que é preciso "se pagar primeiro" e ter uma reserva, mas isso não significa riqueza. Investimentos são, sim, ótimas fontes de renda passiva, ou seja, aquela em que o dinheiro trabalha para você. Entretanto, os investimentos no longo prazo em pequenas quantidades geram quantias pequenas de riqueza, mesmo considerando os juros compostos. E, quanto maior for o percentual de retorno desse investimento, mais risco ele tem. Caso seja um investimento em renda fixa, os lucros serão mais baixos e os riscos também, mas ainda assim não é uma boa receita para a riqueza.

Em resumo, quero que você saiba que é possível ficar rico investindo apenas se o aporte de investimento for muito alto e você já tiver certo patrimônio. Caso você ainda não tenha altos valores para investir e os conhecimentos necessários para não cair em enrascadas, a minha sugestão é que você entenda primeiro como funciona a máquina da riqueza para depois pensar em investir.

Apenas pense e você terá a vida dos seus sonhos

Sonhar é importante, mas sonhar e agir é fundamental. Em outras palavras, de nada adianta ficar sentado esperando o gênio da lâmpada aparecer e oferecer três desejos que vão mudar a sua vida. Apenas pensar e sonhar não materializará a vida que você quer viver. Com certeza seria fantástico se isso acontecesse, mas não é a realidade.

É bem mais inteligente construir aos poucos a vida próspera que deseja viver do que depender de um golpe de sorte. O mundo funciona por meio de ações, então mentalizar desejos ao mesmo tempo que ficar parada não ajuda. Até mesmo a água parada apodrece e junta larvas, não é mesmo?

Então saiba que é preciso colocar a mão na massa para fazer os seus desejos se transformarem em realidade. Não fique fixa, parada, entenda que o mundo está em movimento e você precisa se movimentar também para criar a nova realidade que quer para sua vida.

A chamada lei da atração ou a fé nas coisas que não se vê não inclui a inércia. Ter uma agenda, dominar a gestão do seu tempo, ter um cronograma e um checklist, são características básicas e, ao mesmo tempo, essenciais, de uma pessoa próspera e de sucesso.

Quem tem dívidas e o nome sujo na praça nunca mais coloca a vida nos eixos

Hoje, o percentual de famílias endividadas no Brasil é de 78,3%, segundo dados da Pesquisa de Endividamento e Inadimplência do Consumidor (Peic),[29] e já ouvi pessoas falando que, com o nome sujo, não é mais possível sair dessa situação. Essa é uma grande mentira! Dívidas não são sentenças. Não foi assim para mim e não será para você.

Eu, melhor do que ninguém, sei como é difícil ter dívidas. Você se lembra de quando contei que entrei em depressão por estar endividada? Quando achei que estava chegando ao fundo do poço, não sabia que as coisas ainda poderiam piorar e foi muito difícil me reerguer? Entretanto, não foi impossível. Lembro-me de que, em determinado momento, ao entender como funciona a receita da riqueza, falei para meu marido: "Para que possamos conseguir ter mais fontes de renda, vou precisar deixar o meu nome sujo e esquecer que temos dívidas". Fiz isso porque é muito difícil focar o que precisa ser feito quando se está nessa situação. Assim, consegui clarear a mente e dar a volta por cima.

Quero dizer que, caso você esteja nessa situação, fique calma e saiba que é possível sair dela! Dívidas não são sentenças, e é possível, sim, deixar de ter o nome sujo. Para sair das dívidas, você não terá êxito poupando ou investindo, mas, sim, ampliando suas fontes de renda. Obviamente terá que ajustar seu padrão de vida e sua mentalidade, mas **não será a escassez que livrará você dela**.

Com essa última crença, fechamos essa etapa. Agora que você já sabe alguns dos princípios que nos levam à ilusão de acharmos que ficaremos ricos, chegou a hora de falarmos sobre uma verdade: é preciso empreender.

O MELHOR CAMINHO

Já falamos sobre como a poupança tem baixos rendimentos, a renda fixa (com baixo risco) também e as ações e fundos têm maior rendimento, mas

---

[29] ABDALA, V. Endividamento atinge 78,3% das famílias brasileiras, diz CNC. **Agência Brasil**, 4 maio 2023. Disponível em: https://agenciabrasil.ebc.com.br/economia/noticia/2023-05/endividamento-atinge-783-das-familias-brasileiras-diz-cnc. Acesso em: 9 ago. 2023.

com alto risco. Comentamos ainda que esses investimentos têm valor baixo de retorno, mesmo com os juros compostos se os aportes forem pequenos. Agora chegou a hora de falarmos sobre a principal receita para a riqueza e aquela que gera altos rendimentos: empreender.

Além de apenas criar um negócio, empreender é realizar, é pôr em prática, experimentar, procurar fazer e ter iniciativa. Empreender é olhar para a sua fonte de receita de modo que entenda que ela precisa crescer exponencialmente para que você possa enriquecer.

No meu caso, quando percebi que não conseguiria melhorar a minha condição de vida sem empreender, abri o meu negócio e comecei do zero. Tenho alunas que largaram o emprego e começaram o próprio salão de cabeleireiro, vendendo produtos de beleza; outras, que começaram a vender bolos de porta em porta enquanto ainda trabalhavam com alguma outra coisa. As histórias são infinitas, mas o fato é que, no empreendedorismo, temos possibilidades maiores de aumentar nossa fonte de renda, e com uma boa administração é possível multiplicar isso. Quer um exemplo?

Cleusa Maria, a fundadora da Sodiê Doces, foi empregada doméstica e começou o negócio quando uma patroa pediu para que ela fizesse um bolo. Ela conta que nunca tinha feito um antes e a mulher a ajudou. Começou, então, a fazer bolos e a vender no bairro em que morava em Salto, no interior de São Paulo. Depois, comprou algumas mesas e cadeiras, uma vitrine e estava aí inaugurada a primeira loja da Sodiê. Hoje, a empresa é uma franquia com centenas de lojas espalhadas pelo Brasil, e a história dela é tão inspiradora que fez com que várias outras mulheres tomassem coragem e iniciassem os próprios negócios.[30]

Cristina Junqueira, uma das cofundadores do Nubank, também tem uma história inspiradora. Nascida em Ribeirão Preto, Cris é uma bilionária *self-made* que está rompendo barreiras e conquistando patamares muito elevados em uma área que não costuma ser vista tanto no universo feminino: finanças e economia. No início de 2013, ela deixou seu trabalho no Itaú para que pudesse fundar o Nubank, uma fintech de crescimento exponencial no mercado. Ao perceber que aqui no Brasil existiam taxas muito altas para os serviços

---

30 JORNAL DE NEGÓCIOS DO SEBRAE/SP. Conheça a boia-fria que criou a Sodiê Doces. **Exame**, 22 out. 2016. Disponível em: https://exame.com/pme/conheca-a-historia-da-boia-fria-que-criou-a-sodie-doces/. Acesso em: 9 ago. 2023.

bancários, ela e seus sócios viram nisso a oportunidade de montar um novo negócio. Hoje, Cristina Junqueira está presente em listas de principais lideranças femininas globais e, nos últimos anos, figura entre os brasileiros bilionários. É casada, mãe de três filhos e sempre batalhou muito por tudo o que conquistou. Inclusive, em 2021, passou pelo processo de IPO (ou seja, oferta pública inicial, quando a empresa abre suas ações ao mercado) internacional do Nubank em seu oitavo mês de gravidez.[31]

São histórias como essas que me enchem de orgulho e que gosto de trazer para as minhas alunas. Empreender é um excelente caminho para que você possa aumentar sua renda. E caso não queira abrir o seu próprio negócio em um primeiro momento, quero que você pense sobre empreender como o primeiro passo em direção às suas metas, empreendendo com novas atitudes, novas tarefas, novas fontes de renda.

Se você está hoje em uma empresa e ganha 2,5 mil reais para desempenhar determinadas tarefas, empreender em algo que será seu torna possível dobrar, triplicar ou aumentar em 10x esse valor. Pense nas coisas de que você gosta e que poderiam ser fontes de renda extra e, caso sinta que ainda não é o momento de deixar seu emprego, comece com pouco e vá aumentando, utilizando o que está ganhando para girar esse novo negócio. Foi isso que a fundadora da Sodiê e tantas outras alunas que participam dos meus cursos fizeram.

O empreendedorismo é a arte de transformar sonhos em realidade, desafios em oportunidades e perseverança em prosperidade. Cada passo ousado que damos no mundo nos aproxima da concretização de nossas visões mais audaciosas. Lembre-se sempre de que essa jornada não envolve só gerar riqueza, mas também o nosso enriquecimento como indivíduos, aprendendo, crescendo e deixando o nosso impacto único no tecido do sucesso. Você ganha proporcionalmente à quantidade de pessoas que seu talento toca e transforma. Nada de enterrar, o lema é multiplicar.

---

31 QUEM é Cristina Junqueira? **Suno**. Disponível em: https://www.suno.com.br/tudo-sobre/cristina-junqueira. Acesso em: 18 set. 2023.

TRÍADE DA RIQUEZA

Imagine que você tem uma empresa e precisa contratar colaboradores. Seu time precisa de novas pessoas e elas precisam ser muito competentes em suas funções para que o negócio continue prosperando. Para que elas possam exercer seus talentos, é preciso criar um ambiente agradável, pagar um bom salário, fornecer feedbacks, ensinar, orientar e reconhecer que todos ali contribuem para que a empresa cresça.

Se você não fizer isso e demonstrar indiferença e ingratidão, por exemplo, essas pessoas vão deixar sua empresa e procurar um novo lugar que demonstre respeito e proporcione condições melhores para que possam ficar. Assim também acontece com o dinheiro.

Poderíamos falar aqui números informações sobre investimentos e multiplicação de patrimônio; entretanto, acredito que trazer o ponto de virada para um bom mindset financeiro é a chave para você avançar. Com isso, a partir dos meus erros e acertos, quero compartilhar com você como cheguei até aqui e fiz as coisas darem certo em minha jornada.

Para isso, preciso começar trazendo que, em nossa vida, existem princípios que precisam ser respeitados. Eles regem a nossa existência. São mais do que conceitos ou teorias, são verdades imutáveis, ou seja, mesmo que se passem séculos, eles não mudarão. Um dos mais importantes é: se você se pagar primeiro, tanto em reserva financeira quanto em aplicação de multiplicação, existe uma probabilidade menor de faltar recursos em emergências, assim como aconteceu com muitas pessoas na pandemia da covid-19.

Esse é o segredo da tríade da riqueza. Ela se divide em 3 passos: *ganhar*, *administrar* e *multiplicar*.

RECEITA PARA A RIQUEZA

Sendo assim, preciso que você entenda agora que o primeiro passo é *ganhar*. Não existe enriquecimento sem antes entender que é preciso aumentar a receita, não só de forma vertical, mas horizontal também, ou seja, ter várias fontes de riqueza. Existem muitas maneiras de ganhar o próprio dinheiro, e, hoje, empreender está mais fácil do que nunca com a tecnologia, as redes sociais e a internet. Então você precisa encontrar o seu caminho para vencer a primeira etapa da construção da base da pirâmide, que é a de ganhar o dinheiro. Ampliar suas fontes de renda e aquisição de clientes, focar ter mais seguidores, fazer marketing (tráfego) e networking de qualidade e estabelecer boas parcerias. Fazer clientes que trazem mais clientes para você e várias outras ações.

Depois, seguimos para o segundo passo, que é *administrar*. Se você tem uma loja de sapatos, vendeu todos os pares, conseguiu um lucro bruto suficiente para comprar o dobro do que tinha e faz isso, você não está sendo um bom administrador. Um bom administrador sabe que existem contas para pagar e que é preciso ter caixa, então ele investe em mais pares do que no mês anterior, mas menos do que o dobro para que possa ir crescendo sem prejudicar o próprio negócio. Percebe a diferença?

Isso é saber administrar! Você precisa olhar para as suas contas e gastar menos do que ganha. Se você ganha 5 mil reais, não pode levar um estilo de vida em que gasta 5 mil reais. Se quer levar esse estilo de vida, precisa aumentar sua fonte de renda para 10 mil reais e guardar o restante para a próxima etapa da tríade da riqueza. E assim por diante.

Então quero que você entenda que administrar as finanças é um passo fundamental para ter fonte de receita. Leia sobre administração de patrimônio, procure as informações corretas, esteja atenta aos sinais e busque conhecimento para que possa administrar o que tem ganhado em valor financeiro.

Com essa etapa alinhada, você passa para o último estágio, que é *multiplicar*. Muito mais do que apenas ganhar e administrar, você precisa entender como pode multiplicar o que tem para que seu patrimônio tenha um crescimento exponencial.

Ainda falando sobre a loja, tampouco seria correto você pegar o seu lucro e retirá-lo por inteiro. Isso faria você ter sempre o mesmo estoque e limitar seus ganhos, ou seja, colocar um limite financeiro neles. Em vez disso, você precisa pegar parte do seu lucro e reinvestir, fazendo com que, no próximo mês, você tenha mais estoque e, sendo uma boa administradora, mantenha os custos e assim lucre mais.

Antes de empreender, minha filha estava com dinheiro guardado há algum tempo e falamos sobre isso. Eu a ajudei a encontrar um investimento que seria melhor do que deixar guardado e ela seguiu meu conselho. Compramos duas cabeças de gado para ela, e o valor que ela tinha dobrará daqui a dois anos. É essa mentalidade que você precisa ter. Quando você conseguir simplificar seu estilo de vida para guardar dinheiro, como poderá multiplicar esse dinheiro para que ele gere mais dinheiro? Pense nisso.

Quero falar de um princípio da natureza chamado de "princípio da semente". Uma árvore, ao se desenvolver, começa com frutos pequenos e azedos. Contudo, esses frutos amadurecem, caem no chão e se transformam em nutrientes como o potássio. Esses nutrientes criarão raízes mais sólidas, troncos mais fortes e frutos maiores e mais doces. Ao longo do tempo, aquela árvore estará tão frondosa que terá tornado o solo ao redor dela tão fértil que as sementes se espalharão e darão origem a outras árvores, formando um pomar. Se, pelo contrário, todos os frutos forem retirados, a próxima safra virá com menos nutrientes, frutos ainda menores e sem gosto, até que chegará o ponto em que a árvore morrerá.

Não mate as suas sementes. Não as coma. Plante-as.

Sendo assim, não espere até ter dinheiro sobrando para colocar em prática a tríade da riqueza. Pelo contrário, coloque em prática agora e logo terá dinheiro sobrando. Este é o raciocínio dos milionários. Primeiro geraram riqueza, depois tomaram a ação de guardar a parte que, em breve, será multiplicada, e só então enxergam o excedente.

É preciso criar meios de fazer o dinheiro chegar até você. É preciso estar bem posicionado no jogo dos milhões quando se quer vencer a escassez. E se levar isso adiante para a sua vida, tenha a certeza de que será poupada de passar pelos problemas que passei, mas muito mais do que isso, será reconhecida pelas pessoas à sua volta como uma mulher sábia, capaz de multiplicar riquezas e de levar uma vida próspera.

Exercício: tríade da riqueza na prática

Separe agora pelo menos dez minutos para criar um plano de ação e colocar a tríade da riqueza como parte de sua vida.

A seguir, deixei espaço para que você possa separar ao menos três ações para cada passo da tríade. Depois de colocar essas ações no papel, quero que anote e coloque os detalhes de como fará isso acontecer em sua vida.

Tríade da riqueza: ganhar.
Objetivo: aumento das fontes de entradas.

1. ....
2. ....
3. ....

....
....
....
....

Tríade da riqueza: administrar.
Objetivo: gastar menos do que ganha.

1. ....
2. ....
3. ....

....
....
....
....

Tríade da riqueza: multiplicar.

Objetivo: investimentos que aumentem as suas entradas.

1.
2.
3.

Agora que você já tem um plano de ação, vamos para o próximo capítulo, no qual falarei sobre o ecossistema do dinheiro.

CAPÍTULO 6

Dinheiro e o ecossistema

Em seu livro *Os segredos da mente milionária*, T. Harv Eker conta que começou sua vida sendo uma pessoa com resultados "de fracos a péssimos" (nas palavras dele). Sempre teve potencial, mas esses resultados deixavam a desejar. Entre seus 20 e 30 anos, começou vários negócios com o sonho de construir sua fortuna, porém nada decolava. Trabalhava sem parar, mas a vida não avançava. Você se identifica com o que contei até agora? Pois é! Essa também é a história de muitas pessoas que conheço.

A vida de Eker mudou, entretanto, quando ele recebeu um conselho de um dos amigos de seu pai, um homem extremamente rico que estava visitando a casa para jogar cartas. Na conversa, ele diz que a vida dele também começou da mesma maneira que a do autor: um desastre. Contudo ele conta que recebeu um conselho que mudou a vida dele e que, agora, gostaria de passar adiante. Disse: "Você sabia que a maioria das pessoas ricas pensa mais ou menos da mesma forma? [...] Quase todos os ricos pensam de um jeito diferente das outras pessoas. O modo de pensar determina as ações dos indivíduos e, consequentemente, os seus resultados".[32]

Depois dessa conversa, ele decidiu se dedicar completamente ao estudo do modelo de inteligência financeira dos ricos, e isso fez com que houvesse uma mudança em sua "caixa de ferramentas", ou seja, em sua mente. Ele iniciou um novo negócio, aplicou o que tinha aprendido e decolou. Começou a dar cursos e mentorias e percebeu que as ferramentas de que dispunha eram fundamentais para que algumas pessoas conseguissem alavancar a própria

---

[32] EKER, H. T. **Os segredos da mente milionária**: aprenda a enriquecer mudando seus conceitos sobre o dinheiro e adotando os hábitos das pessoas bem-sucedidas. Rio de Janeiro: Sextante, 2013.

vida. Veja bem: algumas pessoas. Não todas. Isso acontece pelo motivo que já conversamos: nem todas as pessoas vão aplicar e conseguir ter uma vida que vai em direção à riqueza.

Sendo assim, a partir de agora falaremos sobre 5 pilares fundamentais para que você possa entender como funciona o ecossistema do dinheiro e como ele pode privilegiar você a partir da prosperidade que está construindo. São eles: felicidade, honestidade, amigos, saúde e tempo.

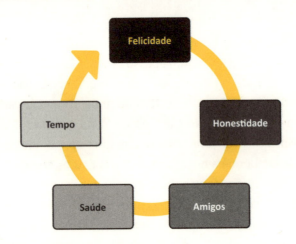

Em minha experiência e nas experiências com minhas alunas, gosto de sempre trazer o conceito de que esses pilares são independentes e interdependentes. Sabe por quê? Eles são, em primeiro lugar, independentes do dinheiro, porque é possível ter e conquistar cada um desses pilares mesmo sem a presença da riqueza. Concorda? É possível ser feliz mesmo sem ter dinheiro.

Honestidade é ter caráter, e muitas das pessoas mais honestas que já conheci tinham uma vida mais simples. Os amigos verdadeiros estarão com você independentemente do valor que você tem na sua conta bancária. A saúde está relacionada também aos nossos hábitos alimentares, à prática de atividades físicas etc., isto é, de certa forma, podemos admitir que é possível ter saúde sem muito dinheiro. E, por fim, tempo relaciona-se ao gerenciamento do seu bem mais valioso, ou seja, é possível gerenciar bem o seu tempo mesmo que você não tenha a conta bancária recheada.

Dito tudo isso, quero trazer um questionamento: mesmo sabendo que todos esses pilares funcionam muito bem sem a presença do dinheiro, será que, com ele, não mudamos o jogo e a maneira como as coisas acontecem? Será que o dinheiro não traz oportunidades, paga ferramentas e treinamentos para que você melhore cada uma dessas áreas? Será que o dinheiro não proporciona um plano de saúde melhor para você e para sua família? Não permite que você pague uma academia e compre alimentos de maior valor nutricional e de melhor qualidade? Não coloca você em novos círculos sociais que podem lhe transformar no protagonista da sua vida? Não lhe dá a possibilidade de viajar, de estar em novos lugares e ambientes? Será que ele não permite que você compre roupas, maquiagem, faça uma cirurgia plástica que elevará a sua autoestima e isso potencializará sua felicidade? Será que o dinheiro não traz satisfação pessoal e profissional e tudo isso contribui para uma vida melhor? Eu acredito que sim!

Por mais que esses pilares que estão conectados com o ecossistema do dinheiro sejam independentes dele, são interdependentes também na medida em que todas essas áreas são afetadas positivamente a partir da construção de riqueza! Quando enfim entendi isso, minha vida mudou por completo. Hoje, sei que esses pilares são independentes e interdependentes ao passo que existe uma relação de complementaridade entre eles. E entender isso faz parte da maneira como precisamos pensar em relação ao dinheiro.

Então vamos falar sobre cada um deles?

FELICIDADE

"A nossa felicidade depende mais do que temos nas nossas cabeças, do que nos nossos bolsos."
– Arthur Schopenhauer[33]

"Sucesso não é quanto dinheiro você ganha, mas a diferença que você faz na vida das pessoas."
– Michelle Obama[34]

Reitero, **se seu coração não for próspero, seu bolso jamais o será**.

---

33 SCHOPENHAUER, A. **A arte de ter razão**. São Paulo: LeBooks Editora, 2020.

34 TRANSCRIPT: Michele Obama's Conventio Speech. **NPR**, 4 set. 2012. Disponível em: https://www.npr.org/2012/09/04/160578836/transcript-michelle-obamas-convention-speech. Acesso em: 18 out. 2023.

A felicidade é um estado de espírito, uma dimensão profundamente interna. É uma emoção que transcende as circunstâncias externas. É possível ser feliz sem dinheiro? Sim. E isso acontece porque essa sensação nasce da conexão entre os nossos pensamentos, sentimentos e perspectivas sobre o mundo ao nosso redor. Ela reside dentro de nós e é moldada por nossas atitudes, nossos valores e a maneira como enfrentamos os altos e baixos da vida. Então o dinheiro traz felicidade? Pensando sob essa perspectiva, não. Mas a falta do dinheiro pode, com certeza, gerar infelicidade, pois traz dificuldade para resolver problemas, traz confrontos no casamento, torna difícil a relação com os filhos etc.

O Michaelis define o termo "felicidade" como um "estado de espírito de quem se encontra alegre ou satisfeito; alegria, contentamento, fortúnio, júbilo; acontecimento ou situação feliz ou alegre; sorte, sucesso, ventura".[35] Eu acredito, portanto, que esse estado de espírito faz parte de nosso viver em plenitude: nada quebrado, nada faltando e nada fora do lugar.

É preciso, portanto, ter muito dinheiro para ser feliz? Não. Mas o suficiente é necessário. E para os que querem viver em plenitude, buscar o enriquecimento faz parte do processo de ser feliz. O dinheiro, como comentei no início, compra beleza, conforto, segurança, conhecimento, diversão e lazer. Em outras palavras, podemos dizer também que o dinheiro compra tempo. Tempo que você vai economizar em sua vida adquirindo produtos e serviços mais ágeis, por exemplo.

Mas, se pensarmos em fazer a diferença na vida das pessoas, empregá-las, ensiná-las, difundir um excelente produto ou serviço para ajudar e servir outras pessoas, por que não termos e utilizarmos os recursos financeiros para isso? Não agir assim é egoísmo. Quando o dinheiro só serve a mim, somente no necessário, eu sou egoísta. Essa é a grande verdade. E, de fato, não é necessário tanto para transformar o ser humano na mais profunda personificação do seu ego. E aí também ouso dizer que uma vida sem propósito é, sim, infeliz.

Quero que saiba, portanto, que existem pessoas muito ricas e infelizes, e pessoas muito ricas que são felizes. O segredo? Não deixar que o dinheiro defina você. Seja definido por quem você é, não pelo que você tem.

---

35 FELICIDADE. *In*: DICIONÁRIO Michaelis. São Paulo: Melhoramentos, 2023. Disponível em: https://michaelis.uol.com.br/busca?r=0&f=0&t=0&palavra=felicidade. Acesso em: 17 out. 2023.

Encontrar essa felicidade que está faltando não implica, necessariamente, evitar os desafios e dificuldades, porque eles vão aparecer e fazem parte da vida de todas as pessoas. Sabe aquela história da vida perfeita que vemos nas redes sociais? Ela é mentira! Na verdade, é de bom tom e no formato para inspirar as pessoas postarem apenas os seus bons momentos. Entretanto, você pode buscar mais felicidade a partir da gratidão, de entender que o momento presente precisa ser precioso e que a nossa essência é feliz e plena.

Ter a felicidade em nossa vida diz respeito a abraçar a nossa autenticidade, quem verdadeiramente somos, procurando sempre evoluir e melhorar a nossa existência. Ao entender isso profundamente, você será capaz de tomar decisões financeiras melhores e viver com mais felicidade.

HONESTIDADE

A honestidade está relacionada ao caráter. Pensando sobre isso, quero abordar aqui quatro temas: autoengano, transparência, ganhar dinheiro indevidamente e ética.

Sobre o autoengano financeiro, segue aqui um conselho: não se engane nem crie desculpas para os seus resultados. Chega de se enganar, de tentar mascarar a realidade. Honestidade é também a capacidade de olhar para nós mesmos e entender que precisamos fazer uma autoanálise verdadeira do que temos e somos hoje, buscando sempre nos aprimorar e melhorar para podermos avançar.

Já a transparência está relacionada à clareza em nossas conversas em relação ao ecossistema do dinheiro. Lembra-se de quando comentei que é preciso incluir o dinheiro em suas rodas e tratá-lo com naturalidade para que ele se sinta bem-vindo? Isso é ter transparência consigo mesmo e mudar a sua mentalidade.

Por fim, a parte mais importante: dinheiro indevido e ética. Já abordei isso anteriormente, entretanto vale reforçar: ganhar dinheiro indevidamente, roubando, enganando ou tirando dos outros sem permissão é a receita fatal para o fracasso. É falta de ética, e inteligência financeira está relacionada à honestidade, ao trabalho que é verdadeiro, que traz resultados limpos.

Durante o pior período da minha vida, em que as dívidas me corroíam, tive propostas escusas para o pagamento daquele valor honesto (4 milhões de reais) que eu tinha a receber. Eu estava quebrada, em todas as áreas da vida, incluindo a financeira, mas eu decidi que não quitaria as minhas dívidas recebendo aquele dinheiro de maneira corrupta – ainda que ele tivesse origem legal. As pessoas são tão gananciosas que usam seus cargos e poder para tentar enriquecer ilicitamente. Eles travaram meu pagamento para que pudessem me chantagear a fim de terem alguma vantagem financeira. Aquelas pessoas não eram ricas, eu estava pobre e mesmo assim não aceitei. Você acha que encontrei pessoas que concordaram comigo? Não mesmo! De dez pessoas que consultei, nove me aconselharam a aceitar e ainda disseram que era loucura minha dizer não, porque as dívidas aumentavam, e minha situação só piorava. Eu realmente não aceitei! Se tivesse aceitado, como poderia estar falando de prosperidade aqui para você?

Então responda com sinceridade: se você estivesse no meu lugar, como você teria reagido?

A verdade é que existem pessoas desonestas em todas as áreas da vida, e a das finanças é só mais uma delas. Acredite: essas pessoas podem se dar bem. Podem se manter ricas pelo resto da vida com finanças desonestas. Isso nem é tão incomum. Porém, elas jamais serão prósperas, jamais serão abundantes, e essa escassez pode não se aplicar à quantia de dinheiro, mas se aplicará a todas as outras áreas da vida. Pense comigo: uma pessoa que rouba, que usa meios ilegais para enriquecer, que prejudica os outros e a sociedade com o que faz jamais poderá se sentir verdadeiramente merecedora de sua riqueza. Jamais terá paz. Jamais poderá alcançar a felicidade plena.

Pessoas desonestas não são confiáveis nem aos seus próprios olhos. Não têm o respeito de sua família, de seus colegas (porque dificilmente têm amigos), de seus concorrentes, de seus clientes, e nem respeito próprio. Não nutrem verdadeira admiração por si mesmos, perderam a essência de todo o princípio da abundância. Pessoas desonestas no pouco serão desonestas no muito. As pessoas mostram seu caráter, tenham elas dinheiro ou não. E o dinheiro só aumenta a proporção e mostra de modo mais claro aquilo que a pessoa já é.

Então acredite: para valer a pena enriquecer, honestidade não é o melhor caminho. É o único caminho. Há uma frase atribuída a Carlos Drummond de Andrade que descreve bem tudo o que eu expressei aqui: "O cofre do banco contém apenas dinheiro; frustra-se quem pensar que lá encontrará riqueza".

AMIGOS

Comecei o capítulo falando que amigos verdadeiros estarão presentes em sua vida independentemente do seu status financeiro. Essa é a verdade e é sobre isso que vamos conversar aqui.

Em determinado momento, uma aluna estava em mentoria comigo e comentou que quanto mais ganhava dinheiro, mais uma determinada amiga se afastava da vida dela. Ela estava muito triste e frustrada com a situação, e elas chegaram até mesmo a entrar em um embate em determinado momento por um motivo bobo. Essa aluna sentia que a amiga estava se afastando e não concordava com os resultados que ela tinha, como se ela fosse obrigada a se acomodar em uma vida simples e estivesse infringindo os seus valores. Infelizmente, esse tipo de situação é mais comum do que imaginamos.

Muitas pessoas têm medo de enriquecerem e, com isso, perderem os amigos. E nós vimos aqui o porquê de isso acontecer! Existe uma crença de que as pessoas que têm dinheiro ficam sozinhas, mas hoje sei que isso não é verdade. Se você tem amigos verdadeiros em sua vida e que torcem por você e pelo seu sucesso, esses amigos ficarão ao seu lado quando as coisas derem certo. E se eles forem embora, fique atento. É provável que essas amizades não fossem tão verdadeiras assim.

Vale comentar também que, ao enriquecer, seu círculo social mudará. Porém não quero que entenda isso como um motivador para que você se afaste das pessoas de que gosta, mas, sim, que veja que você passará a estar perto também de novas pessoas que podem agregar à sua vida. Tenho amigos de que gosto muito e fizeram parte dos meus anos anteriores ao enriquecimento. Nos falamos até hoje, trocamos mensagens, nos vemos e temos momentos maravilhosos. Contudo tenho novos amigos também que fiz a partir da nova mentalidade financeira que passei a ter. A gente não se junta nem se afasta por conta do dinheiro, mas dos interesses e assuntos em comum. Portanto, se sua mentalidade passa da escassez à abundância, é normal que quem não pensa como você comece a criticá-la e que você se afaste e, consequentemente, queira estar em rodas em que os assuntos estejam mais alinhados com sua nova condição. Uma hora a gente tem que romper com a Síndrome da Branca de Neve, lembra?

Recentemente, uma família de amigos que conhecemos há muito tempo foi almoçar lá em casa, em um churrasco que fizemos, e, ao fim do dia, essa amiga veio me dizer que a filha dela comentou que queria ser rica. Essa amiga perguntou à menina a razão, e ela disse: "Mamãe, na casa da tia Kênia eu percebi que ela e os amigos não falavam mal da vida dos outros, não estavam brigando para ver quem havia contribuído menos no churrasco, percebi que estavam contentes contando as suas vitórias sem que ninguém os invejasse. E mais, percebi que todos também estavam felizes com seus avanços. Quero estar em ambientes assim, mamãe".

Era Dia dos Pais e chamamos nossa família e mais três casais de amigos. Dois deles se tornaram milionários pelo próprio esforço.

Então não sinta que você está abandonando as pessoas. Ricos são aqueles amigos que ficam independentemente das circunstâncias. E não se sinta culpada por ocupar novas mesas. Isso mostra que você não está estagnada e que essa mudança faz parte do crescimento mental, pessoal e profissional!

> "Você se fazer de pequeno não ajuda o mundo. Não há nenhuma bondade em você se diminuir, recuar para que os outros não se sintam inseguros ao seu redor."
> – Marianne Williamson[36]

SAÚDE

Não tenho a pretensão de mostrar para você qual é o passo a passo para que você tenha uma saúde melhor! Minha intenção aqui é mostrar dois pontos. O primeiro deles é que a saúde está diretamente relacionada aos hábitos que você tem em sua vida, não à riqueza. O que você come todos os dias, quanta água ingere, se é ativo ou não, se cuida da sua saúde mental, se pratica atividades físicas. Todos esses pontos contribuem para a saúde física de uma pessoa, concorda? Não posso ignorar também que existem fatores genéticos nessa equação, mas os deixaremos de fora nesse primeiro momento.

Cuidar da sua saúde, portanto, pode começar com simples mudanças no dia a dia e você já verá melhoras. Caso esteja acima do peso, você pode iniciar

---

36 WILLIAMSON, M. Nosso medo mais profundo. **The School of We**, 1 abr. 2021. Disponível em: https://theschoolofwe.com/pt-pt/nosso-medo-mais-profundo-por-marianne-williamson/. Acesso em: 18 out. 2023.

uma atividade física e incluir uma alimentação mais saudável. Se está se sentindo estressado e triste, pode tentar incluir meditação e algum esporte para melhorar a endorfina que está sendo liberada em seu organismo. Entretanto o tempo é cruel, e é inevitável ficarmos doentes em algum momento. Ou até mesmo alguém em nossa família, como nosso marido ou filhos. Nessa hora, o segundo ponto aonde quero chegar é: o dinheiro ajuda muito.

É inegável que nosso sistema público de saúde é um dos únicos no mundo que cuida da população independentemente de seus recursos financeiros. Entretanto, a saúde pública tem suas falhas, e é inevitável pensar que a saúde particular tem vantagens, principalmente, quando falamos de doenças mais graves. Um convênio ou um hospital particular podem diminuir a diferença no tempo de atendimento em um consultório ou até mesmo em uma cirurgia, em minutos que farão toda a diferença em uma situação extrema.

Sendo assim, a conclusão a que quero que você chegue é: a saúde é um direito de todos e é possível, sim, viver com saúde sem muitos recursos financeiros. Entretanto o dinheiro pode proporcionar também uma vida melhor nesse sentido.

Buscar terapia e outras necessidades quando se fala de saúde mental vai exigir recursos financeiros, acredite. E, hoje, estima-se que 25% da população mundial sofre de depressão e/ou ansiedade. Se consultas, tratamentos e remédios mal são cobertos pelos convênios, imagine pela rede pública.[37]

TEMPO

Enfim chegamos ao ativo mais precioso que temos hoje: o tempo. Se formos pensar, ele é distribuído exatamente da mesma maneira entre todas as pessoas do planeta, seguindo a lógica do tempo que temos para viver um dia. E justamente por isso a atenção nas redes sociais hoje é uma briga incessante entre as maiores plataformas.

Aqui, no pilar do tempo, contudo, quero que você pense que ele pode ser distribuído exatamente da mesma maneira com ou sem o dinheiro em sua

---

[37] OMS DESTACA necessidade urgente de transformar saúde mental e atenção. **OPAS**, 17 jun. 2022. Disponível em: https://www.paho.org/pt/noticias/17-6-2022-oms-destaca-necessidade-urgente-transformar-saude-mental-e-atencao. Acesso em: 18 set. 2023.

vida. Até porque, se olharmos para o lado profissional, o tempo relaciona-se com o gerenciamento das tarefas em determinado período. Na vida pessoal, o tempo conecta-se com os momentos que você dedica para o que é importante para você: família, amigos, estudos etc.

Com a riqueza, porém, você poderá escolher melhor a maneira de gastar seu tempo. Você precisará, por exemplo, gastar tempo fazendo todas as tarefas da sua empresa, como aconteceu com minha aluna que era pigmentadora de sobrancelhas e tinha medo de contratar novas pessoas e, por isso, fazia os atendimentos, limpava, agendava e cuidava de absolutamente tudo do seu negócio? Com certeza não.

Relacionado ao pilar anterior, inclusive, nesse período em que ela fazia tudo e estava presa na operação, a mãe dela teve um problema grave de saúde, ficou nos corredores dos hospitais e teve risco de morte. Nesse período, ela também não faturou, pois o negócio dependia totalmente dela. Ela, então, prometeu para si mesma que ela, a mãe e os filhos jamais passariam por aquilo novamente, que ela seria grande para poder custear um plano de saúde.

Quando decidiu expandir e contratar ajudantes, disponibilizou tempo em sua vida. Tempo de qualidade em que passou a cuidar do seu casamento e dos seus filhos. Esse tempo fez toda a diferença! Além disso, se formos analisar, ela também gerou tempo para outras pessoas, uma vez que empregou e fez com que seu dinheiro circulasse e abençoasse a vida de outros indivíduos.

Com o dinheiro, você poderá escolher viajar com sua família, viver momentos inesquecíveis, estar ao lado dos seus amigos, ir a um show de que gosta e também trabalhar para que possa sempre multiplicar seu patrimônio. Essa é a lógica do tempo no ecossistema do dinheiro! Você terá o mesmo presente com ou sem dinheiro, o que muda é como você o utiliza.

Muitas pessoas só dominam o *chronos*, o tempo cronológico. Quem consegue gerar mais tempo domina o *kairós*, o tempo da oportunidade.

Exercício: avaliando e desenvolvendo o ecossistema do dinheiro

Agora que você já sabe quais são os pilares que envolvem o ecossistema do dinheiro, sabe como eles estão conectados e como o dinheiro impacta em cada um deles, quero propor uma atividade prática. A seguir, elenquei cada um dos ecossistemas e quero que você dê uma nota de 0 a 5 em relação a quão bem ou mal você está nesses pilares, em que 0 representa que precisa melhorar muito e 5 representa que você está ótima nessa área com o dinheiro que você tem hoje. Vamos lá!

Felicidade
Hoje minha nota é: ....

Honestidade
Hoje minha nota é: ....

Amigos
Hoje minha nota é: ....

Saúde
Hoje minha nota é: ....

Tempo
Hoje minha nota é: ....

Com esse resultado em mãos, quero que faça agora a soma do valor total a seguir.

ÁREA DA VIDA	NOTA
Felicidade	
Honestidade	
Amigos	
Saúde	
Tempo	
Total	

Agora que temos o resultado, vamos fazer diferente. Deixei a seguir uma nova opção de nota para cada uma das áreas. Porém você vai dar uma nota de 0 a 5, e imaginando que você já possui a sua vida próspera dos sonhos. Pense que já conquistou tudo o que gostaria e dê uma nota avaliando como essas áreas melhorariam em um primeiro momento. Seja realista! Nada muda 100% da noite para o dia.

Felicidade
Hoje minha nota é: ....

Honestidade
Hoje minha nota é: ....

Amigos
Hoje minha nota é: ....

Saúde
Hoje minha nota é: ....

Tempo
Hoje minha nota é: ....

Por fim, quero que faça a relação e a soma das notas que mudaram.

ÁREA DA VIDA	NOTA
Felicidade	
Honestidade	
Amigos	
Saúde	
Tempo	
Total	

Tenho certeza de que o resultado foi maior, entretanto, aqui o objetivo não é esse, pois seria muito óbvio. O que quero que você faça, olhando essas novas notas, é: trace um plano de novas atitudes e melhorias que você pode fazer em cada um dos ecossistemas do dinheiro.

Imaginar e colocar isso no papel ajudará você a entender o que precisa ser feito para que possa atingir a inteligência financeira em todas as áreas que abordamos. Muitas vezes, existem pequenas coisas que podemos já colocar em prática e que farão toda a diferença! Vamos lá?

Felicidade

....
....
....

Honestidade

....
....
....

Amigos

Saúde

Tempo

Com esse plano de ação e sabendo como você pode conquistar uma vida melhor, convido-a a virar a próxima página e me encontrar no capítulo 7 para falarmos sobre como romper a crença de que é o muito trabalhar, o trabalho exaustivo que dignifica o homem.

Seja definido por quem você é, não pelo que você tem.

@keniagamaoficial

CAPÍTULO 7

O trabalho não dignifica o homem

Você acha que o trabalho dignifica o homem? Para falarmos desse assunto, quero trazer alguns dados importantes.

Um estudo realizado pela Organização Internacional do Trabalho (OIT) mostrou que trabalhar demais está matando 745 mil pessoas por ano no mundo todo. Embora as jornadas de trabalho sejam de 35 a 40 horas por semana, esse estudo mostrou que aqueles que passam 55 horas ou mais por semana trabalhando têm um risco 35% maior de ter um acidente vascular cerebral (AVC) e 17% mais chances de morrer por uma doença cardíaca.[38]

Além de assustadores, esses dados são alarmantes e precisam ser avaliados com cuidado. Isso tudo acontece porque, embora o trabalho seja fundamental para que possamos crescer, evoluir e ganhar patrimônio – assunto sobre o qual já falamos na tríade da riqueza –, quando em excesso, ele pode causar problemas enormes para a saúde, como estresse, depressão, ansiedade, transtornos relacionados ao sono e levar ao distúrbio do burnout, que foi classificado, em 1º de janeiro de 2022, como uma síndrome ocupacional, ou seja, que está relacionada a algum tipo de prejuízo direto ou indireto proveniente do trabalho, a partir da nova classificação da Organização Mundial da Saúde (OMS).[39]

Em outra análise, podemos falar que as pessoas estão cansadas. Mas não só cansadas em um nível que você descansa e está bem para continuar seu

---

[38] TRABALHAR 'demais' mata 745 mil pessoas por ano no mundo, revela estudo. **BBC**, 18 maio 2021. Disponível em: https://www.bbc.com/portuguese/internacional-57154909. Acesso em: 14 ago. 2023.

[39] GRANATO, L. Burnout vira doença do trabalho em 2022. O que muda agora? **Exame**, 9 dez. 2021. Disponível em: https://exame.com/carreira/burnout-vira-doenca-do-trabalho-em-2022-o-que-muda-agora/. Acesso em: 14 ago. 2023.

trabalho, elas estão exaustas em níveis maiores. Segundo o centro de pesquisas Future Form, no mundo todo, 42% das pessoas que trabalham estão em um estado grave e duradouro de exaustão.[40] O que pode levar ao burnout.

Com essas informações em mãos, quero perguntar novamente: o trabalho dignifica o homem? Sim, o trabalho é importante, mas é uma ideia completamente errada achar que ele dignifica tudo o que fazemos. Se você depende do trabalho para ter dignidade, está muito longe de alcançar o padrão mental da prosperidade. O trabalho é um meio de você ter dignidade, mas ele por si só não transforma uma vida de escassez em uma vida próspera.

No dicionário, temos que "dignificar é enobrecer e engrandecer", então, ao colocarmos o peso do enobrecimento no trabalho em nossa vida, estamos nos esquecendo de que existem coisas que são mais importantes do que o trabalho, e esses fatores fazem parte da inteligência financeira. O que traz dignidade é você gerar dinheiro suficiente para ser livre em suas escolhas, para não se preocupar com o preço da manicure, poder comprar o vestido que escolher, viajar com seu marido para uma segunda lua de mel, dormir uma noite tranquila de sono em uma cama confortável sabendo que suas contas estão todas pagas e que nada faltará aos seus filhos mesmo que mude o governo, o plano econômico, enfim, não se preocupar com a ausência de dinheiro em sua vida. Isso é dignidade!

Já ouvi muitas frases como essa: "Ah, o meu trabalho é digno. Eu compro o pão da minha casa trabalhando, acordando cedo, pegando o ônibus lotado e trabalhando até muito tarde". Em outras palavras, existe uma romantização extrema de que, para enriquecermos, precisamos trabalhar muitas horas, "pegar no pesado", "pegar no batente" para que possamos ter algum tipo de retorno financeiro. Atrelamos essas crenças ao caráter e ao valor que as pessoas possuem. Se não identificarmos isso nelas, elas são preguiçosas.

Pare aqui por um momento e analise se você, em algum lugar da sua trajetória, acabou julgando as pessoas pela quantidade de horas que elas trabalham ou por executar ou não algum tipo de trabalho mais "braçal". Isso é muito comum! Caso você tenha feito isso, quero que siga uma nova linha de raciocínio comigo a partir de agora.

---

[40] NADAI, T.; BORGES, D. Burnout: o que dizem a psicologia e as ciências sociais? **Comunica.ufu.br**, 14 jun. 2023. Disponível em: https://comunica.ufu.br/noticia/2023/06/burnout-o-que-dizem-psicologia-e-ciencias-sociais. Acesso em: 14 ago. 2023.

AS 4 FACES DO ENRIQUECIMENTO

Vamos imaginar quatro profissionais a partir de agora: um pedreiro, um engenheiro civil, um médico e um investidor financeiro. Vamos imaginar também que todos esses profissionais trabalhem sete horas por dia sem considerar o horário de almoço. Pergunto a você: esses profissionais ganham o mesmo salário? Muito provavelmente, não! "Ah, Kênia, mas isso é óbvio, eles não ganham a mesma coisa porque têm qualificações diferentes." Sim, concordo. Eles têm formações diferentes, habilidades diferentes e tudo isso faz com que o valor da hora de cada um deles seja diferente, somando e totalizando em salários diferentes.

O ponto que quero que você analise aqui é que cada um possui um tipo diferente de trabalho e isso não faz com que o trabalho de um seja menos digno do que o do outro. O pedreiro faz uma atividade que envolve força física e trabalho braçal. O engenheiro civil coloca em seus projetos a sua inteligência, a gestão de risco e de pessoas atrelada aos seus conhecimentos em matemática e engenharia para fazer com que os projetos sejam funcionais, seguros e deem certo. O médico presta um serviço que é proveniente dos anos de estudo em relação ao corpo humano e às doenças para que ele possa cuidar e salvar vidas. Um investidor financeiro olha o comportamento dos números na bolsa para que possa fazer bons investimentos e conseguir mais retorno e valorização das suas aplicações. É possível, ainda, que esse investidor faça o gerenciamento do dinheiro de mais pessoas e ganhe em cima desse valor.

Olhando por esse prisma, quero que você tente entender qual é a diferença entre esses trabalhos, que vai além apenas da qualificação de cada um. Apesar de todos serem especialistas em suas áreas, somente o investidor financeiro está trabalhando de modo que os valores gerados por suas aplicações se multipliquem e gerem lucros. Ele não está trocando apenas suas horas de trabalho por um salário, ele está multiplicando o dinheiro que possui.

Sendo assim, quando pensamos em ganhar dinheiro, quero que você deixe de pensar apenas em suas horas, mas pense em seu conhecimento para colocar inteligência em como fazer mais dinheiro de maneira escalável e exponencial. Isso é inteligência financeira! E sabe por quê? No fim das contas, já vimos que todos temos o mesmo tempo disponível e não podemos deixar que o trabalho nos leve à exaustão assim como vimos nos dados que apresentei no início do capítulo.

O tempo disponível para que possamos fazer mais dinheiro é finito. Você presta um serviço e recebe por ele. Entretanto existem outras maneiras de investir o seu dinheiro para que possa fazer com que ele se multiplique. E essa é a lição que quero que você leve daqui.

Esse "trabalho inteligente" é muito bem-definido por Steven K. Scott no livro *Salomão, o homem mais rico que já existiu* a partir da *diligência*, uma característica fundamental para aqueles que querem enriquecer.

> A maioria das pessoas pensa que sabe o que isso significa, mas não é verdade. Quando Salomão fala sobre diligência, está se referindo a uma característica tão rara quanto um diamante de 10 quilates. É rara porque a verdadeira diligência é contrária à natureza dos seres humanos. [...] Meu dicionário eletrônico descreve diligência como um "esforço persistente e que envolve trabalho pesado no intuito de realizar algo". Adoro a palavra "persistente". Ela faz, sem dúvida nenhuma, parte da diligência. Por outro lado, "trabalho pesado" não é o termo mais apropriado para entender o que Salomão quis dizer. Prefiro usar a expressão "trabalho inteligente". Se eu tentasse derrubar uma árvore com um martelo, teria de trabalhar pesado, mas certamente não seria diligente. [...] Mas, se usar uma serra elétrica, sou capaz de cortar a mesma árvore em minutos. Não seria um serviço nem de longe tão pesado, mas eu estaria trabalhando de forma muito mais inteligente. [...] É o esforço de investir seus dias, horas e minutos em algo que recompensará, com um produto puro, o tempo e o esforço investidos.[41]

---

41 SCOTT, S. K. **Salomão, o homem mais rico que já existiu**. Rio de Janeiro: Sextante, 2020. *E-book*.

Entender como um trabalho inteligente funciona é o que coloca a riqueza a seu favor. Pense em como seu trabalho pode ser mais inteligente, e isso será um grande passo em direção à prosperidade.

A palavra aqui é escala. Escalar está atrelado a novas fontes de renda e fazer com que elas gerem mais valor e multiplicação, seja pelo próprio dinheiro gerando mais dinheiro, por suas capacidades gerarem mais valor e aumentarem sua hora, seu ticket médio, ou ainda por pessoas gerando uma cadeia de riqueza, ou todas essas opções juntas. Falaremos mais sobre isso adiante.

GASTAR E INVESTIR

Como eu já havia adiantado, existe uma diferença enorme entre gastar e investir, e veja que aqui não estou falando de investimentos financeiros, estou falando dos investimentos que fazemos em nossa vida. Quer um exemplo? Vamos imaginar o momento em que compro uma roupa para mim.

Quando faço compras e escolho roupas, analiso uma série de fatores que são importantes nesse momento de decisão. Por exemplo: se estou comprando essa roupa para ir a um jantar, será que depois conseguirei utilizá-la em outra ocasião, como uma reunião de trabalho ou um casamento? Em quais ocasiões vou poder usá-la? O que as pessoas vão pensar em relação à roupa que escolhi? Qual impressão ela vai causar? Qual é o tipo de networking que vou fazer com essa roupa? Quais fotos vou poder tirar utilizando essa peça? Ela é atemporal ou é uma peça específica que não conseguirei utilizar mais em pouco tempo? Vai se manter boa por mais tempo ou ficará "batida" logo? Posso fazer outras combinações com ela? São muitas possibilidades e, ao escolher as roupas que vou comprar, analiso cada uma dessas questões antes de tomar minha decisão. Não por emoção, mas por consciência de investimento × retorno.

Se refletirmos sobre essa análise que faço com a escolha das minhas roupas, concorda que é possível também analisar todas as decisões que tomamos em nossa vida? Essa também é uma forma de pensar no que estamos investindo para que tenhamos outros tipos de retorno, isto é, podemos apenas "gastar" o nosso tempo e a nossa energia ou podemos investir o nosso tempo e a nossa energia já pensando nos retornos e nas possibilidades que teremos a partir do que estamos construindo. Essa é a verdadeira face da inteligência financeira!

Aí está a diferença entre gastar e investir. Talvez você não tenha percebido, mas existem muitas coisas que são investimentos e às quais não damos a devida atenção em alguns momentos.

Uma reunião pode se transformar em um networking poderoso que vai abrir novas portas para o seu negócio. Uma live pode tocar o coração de uma pessoa que se transformará em um cliente e trará muitas outras indicações para o seu negócio. Um atendimento empático e cuidadoso pode gerar retorno maior do que você imagina. Uma conversa com escuta ativa pode fazer você abrir novas portas em sua vida para que o dinheiro esteja ao seu lado. São muitas portas que se abrem para nós e nem as percebemos! E isso acontece porque, em diversos momentos, achamos que estamos apenas "gastando a nossa vida" e não investindo em nosso futuro.

Por isso, quero que você agora mude a sua mentalidade em relação a isso e pense na quantidade de oportunidades que vão aparecer a partir dessa mudança. Não é hora de olharmos para o passado! O que ficou para trás deve permanecer lá. Faça uma análise do que ainda chegará até você e como você pode traçar um plano com melhores oportunidades. Guarde esse sentimento para o exercício que faremos no fim do capítulo.

Sendo assim, precisamos saber investir o nosso tempo. Não gastá-lo. Investi-lo! E esse investimento precisa ter *diligência* para que possamos prosperar.

Eu asseguro a você que o maior investimento que você pode fazer é em conhecimento. Aumentar suas habilidades e capacidades. Reserve, no mínimo, 10% do que ganha para isso. Para livros como este, não para os de fábulas ou romances. Para eventos, cursos e mentorias. Acredite em mim: você me agradecerá algum tempo depois por esse conselho simples e valioso.

O ECOSSISTEMA DO ENRIQUECIMENTO

Agora que já sabe que o trabalho em excesso não dignifica o homem, quero que você entenda, de uma vez por todas, que precisa quebrar essa crença em sua vida para que possa avançar.

O meu intuito aqui não é mostrar que você que poderá trabalhar quatro horas por semana e ficar rico. Muito pelo contrário! O trabalho é importante, e ele precisa estar em sua vida para que você possa conseguir o primeiro pilar da tríade da riqueza que vimos no capítulo 5 (ganhar mais!); entretanto, a mentalidade que quero que você tenha é: todo ganho financeiro deve gerar outros ganhos diretos ou indiretos.

Estar na "operação" de todas as atividades da sua empresa não é o que fará você ficar rica. Não são as pessoas que fazem "com as próprias mãos" que enriquecem. Sabe quem enriquece? Quem consegue entender que é preciso criar um ecossistema de geração de riqueza para que essa riqueza seja escalável e se multiplique.

Falamos anteriormente sobre empreender e aqui vale a pena reforçar. Você precisa encontrar maneiras de ganhar mais, administrar melhor o seu dinheiro e fazer com que ele se multiplique em todas as suas ações do dia a dia. Como? A partir de atitudes que vão movimentar essas engrenagens para que isso se transforme em um círculo virtuoso da prosperidade.

Então quero que você saiba que o ponto aqui não é trabalhar sozinho, porque quando trabalho sozinho estou contando apenas com minha prestação de serviços para que isso se transforme em riqueza, é colocar intencionalidade em tudo o que fizer para que esse trabalho gere mais renda, networking e possibilidades de ganhos mais altos em sua vida. É preciso ter pessoas trabalhando conosco para multiplicar. É preciso montar um sistema escalável de riqueza. É preciso construir um ecossistema!

Para isso e para que possamos fechar o capítulo, vamos fazer agora um exercício que ajudará você a colocar em prática tudo o que vimos.

Exercício: investir e multiplicar

Chegou a hora de fazer análises e utilizar a diligência para que você possa ter mais inteligência financeira em sua vida. Esse exercício será dividido em duas partes, e você deve fazer com calma cada uma delas.

Parte 1: o valor do meu tempo
Nesse primeiro momento vamos contabilizar o valor do seu tempo. O primeiro passo é calcular a sua renda total. Caso tenha um salário fixo e outro tipo de fonte de renda, quero que você coloque tudo nessa conta. Faça a soma de todas as suas fontes de renda em um mês e guarde esse número.
A minha renda mensal é: _____.

Com esse número em mãos, chegou a hora de calcular quantas horas você trabalha por semana. Some todas as suas horas de trabalho na semana e multiplique por 4 para chegarmos na quantidade de horas trabalhadas no mês.
Eu trabalho _____ horas por mês.

Agora você precisará dividir a sua renda total pelo número de horas trabalhadas. Vamos lá!

Valor por hora = Renda total / horas trabalhadas

Renda total: _____.
Horas trabalhadas: _____.
Valor por hora: _____.

Caso você tenha ficado com dúvida, vamos a um exemplo. Se sua renda total em um mês foi de 5 mil reais e você trabalhou 160 horas, o cálculo seria: valor por hora = 5.000 / 160 = R$ 31,25 por hora. Isso significa que, em média, você está ganhando R$ 31,25 por hora de trabalho.

Guarde esse número para que você possa fazer a parte 2 do exercício.

Parte 2: multiplicar e agir

Agora que você já tem esse valor, quero que pare um minuto e coloque a seguir reflexões para as perguntas:

O que estou fazendo para multiplicar o meu dinheiro?

O que posso fazer para ganhar mais?

Se as minhas horas são finitas, o que eu posso fazer para multiplicar a minha riqueza?

O que posso fazer para que a minha hora tenha mais valor?

Depois de responder às perguntas anteriores, quero que você liste pelo menos três ações que implementará a partir de agora para que consiga multiplicar o seu dinheiro.

1. ....
2. ....
3. ....

Agora você já sabe que, para ganhar mais, você não precisa, necessariamente, trabalhar mais, e sim ter inteligência para investir seu tempo e sua energia em trabalhos que trarão mais retornos financeiros. Se não fizer isso, a conta da riqueza não vai fechar em sua vida.

Sendo assim, chegou a hora de falar das características que acompanham as pessoas ricas e como você deve evitá-las ou utilizá-las a partir de agora em sua jornada. Vejo você no próximo capítulo!

O maior investimento que você pode fazer é em conhecimento.

@keniagamaoficial

CAPÍTULO 8

Crenças limitantes não resistem a resultados concretos

A VERDADE SOBRE QUEM É PRÓSPERO

Talvez você não tenha parado para refletir sobre isso, mas a verdade é que quanto mais bem-sucedido você for, mais poderá ajudar as pessoas. Poderá olhar para as comunidades que precisam de doações, poderá olhar para o próximo, doar, fazer a diferença; poderá utilizar o que construiu para mitigar tragédias, olhar para os problemas cotidianos da nossa sociedade e pensar no que é possível ser feito nesse sentido para mudar a vida das pessoas que mais precisam. E, se formos mais longe, muitas vezes estamos falando até mesmo em termos globais, uma vez que, dependendo do tamanho da fortuna que você construir, poderá ajudar também com mais amplitude, impacto e profundidade.

Existe uma falácia sobre caridade e filantropia. Parece que só fazemos o bem quando ajudamos as pessoas em situações de extrema miséria, fome ou calamidade. Na verdade, ajudamos as pessoas todas as vezes em que as livramos de crenças limitantes, que acrescentamos conhecimento às vidas delas, que aumentamos suas capacidades e, consequentemente, as inserimos como parte do todo, como indivíduos que são cidadãos contribuintes para a sociedade. Nós também ajudamos as pessoas todas as vezes em que proporcionamos às crianças a perspectiva de um futuro melhor, ou que um casamento deixa de ser desfeito. Ajudamos ainda quando uma tecnologia melhora o trânsito de uma cidade, quando uma maquiagem agride menos a pele, quando medicamentos garantem mais qualidade de vida ou longevidade, quando uma roupa deixa um corpo mais bonito, quando uma nova receita é criada e traz mais sabor ao paladar e à vida das pessoas. Isso tudo é serviço, é produtividade.

Só existe a necessidade da "caridade" porque o acesso à prosperidade é de conhecimento apenas de alguns.

Em um dos primeiros capítulos do livro, contei como o TED Talks de Bill e Melinda Gates mudou a minha vida. Agora quero explicar exatamente como isso aconteceu e por qual motivo.

AJUDA QUEM TEM COMO AJUDAR

Se uma pessoa está vivendo uma vida com muita escassez, contando cada centavo que tem para pagar as contas da casa e fazer as compras no mercado, muito provavelmente ela não deve está se preocupando tanto em ajudar o próximo, mas, sim, estar concentrada em conseguir sobreviver. Veja que aqui não quero, de maneira alguma, generalizar, até porque sei que existem famílias muito simples que não deixam de doar e de fazer sua parte mesmo passando por dificuldades em sua própria realidade. O meu ponto, entretanto, e que preciso que você internalize agora, é: para que você possa efetivamente fazer a diferença e ajudar as pessoas, primeiro precisa construir a prosperidade em sua vida. Cada grão de areia do oceano conta, mas em conjunto podemos ter toda uma praia.

Alguém com o casamento destruído dificilmente dará bons conselhos a alguém com problemas conjugais; alguém doente, acamado, não tem como ajudar alguém que está doente também. Nós só damos o que temos. E ter, aqui, está no sentido literal e figurado. Entender que temos, crer que temos e, de fato, termos.

Em outras palavras, meu objetivo é que você consiga entender que precisamos ser prósperos para podermos ajudar cada vez mais pessoas a saírem de situações desfavoráveis para que elas também possam prosperar. É muito mais fácil ajudar, fazer caridade, estar presente, contribuir para que o mundo seja um lugar melhor a partir do momento em que você deixa de contar cada real que entra em sua conta. E isso é um fato que precisa ser entendido e aprendido para que você possa avançar.

No TED "Por que doar nossa fortuna foi a coisa mais gratificante que já fizemos", Melinda fala do trabalho que ela e Bill Gates realizam na Gates Foundation, uma instituição filantrópica que leva o sobrenome do casal e que ajuda dezenas de milhares de pessoas em todo o mundo todos os anos, desde o seu nascimento.[42]

---

42 DOAR a nossa fortuna foi a coisa mais gratificante que fizemos. 2014.*op. cit*.

Melinda fala que é uma mulher que gosta de conversar com as pessoas para que possa entender exatamente o que está acontecendo. Já Bill tem um perfil mais lógico e gosta de analisar os números para que possa decidir como agir. Juntos, temos ali um casal que compara os dados para fazer a diferença. Em 2022, a fundação disse que doaria 7 bilhões de dólares à saúde e à agricultura na África;[43] em junho de 2021, assumiu o compromisso de utilizar 2,1 bilhões de dólares para impulsionar o progresso na igualdade de gênero; em 2020, durante a pandemia, a fundação destinou 1,75 bilhão de dólares para acelerar o desenvolvimento e a distribuição de testes e tratamentos contra a pandemia da covid-19.[44]

Recentemente, em setembro de 2022, Bill disse que a fundação tem a pretensão de funcionar por mais vinte e cinco anos, apenas até que possa erradicar ou reduzir a números muito baixos os níveis de doenças que tornam o mundo desigual.[45] Apesar disso, se fôssemos olhar os dados ao longo dos anos, veríamos a quantidade de intervenções e melhorias que fizeram por conta da fortuna que possuem.

A história deles, por meio do TED Talk e de tudo o que acompanho da fundação, é muito inspiradora. Não apenas porque mostrou qual pode ser um dos propósitos genuínos que temos com o dinheiro, mas também porque abriu os meus olhos para as crenças que eu possuía. Na época em que assisti ao vídeo, já era milionária, porém só fui admitir isso para mim mesma após ver tudo o que Melinda disse ali. Até então, a minha mentalidade seguia a seguinte linha: tenho milhões em patrimônio, milhões em minha conta, ações milionárias, mas todo esse dinheiro não é meu porque posso perdê-lo a qualquer momento. Talvez até desejasse isso, de forma subconsciente, uma vez que ser rico para mim não era uma coisa boa.

Essa minha virada de chave, e a reflexão que gostaria de incitar aqui, fez com que eu percebesse que existiam crenças em mim que não eram condizentes

---

43 PORTERFIELD, C. Fundação de Bill Gate vai doar US$ 7 bi à saúde e agricultura na África. **Forbes**, 18 nov. 2022. Disponível em: https://forbes.com.br/forbesagro/2022/11/fundacao-de-bill-gates-vai-doar-us-7-bi-a-saude-e-agricultura-na-africa/. Acesso em: 22 ago. 2023.

44 OUR story. **Gates Foundation**. Disponível em: https://www.gatesfoundation.org/about/our-story. Acesso em: 22 ago. 2023.

45 ROVAROTO, I. Bill Gates diz que sua fundação filantrópica tem data para acabar. **Exame**, 26 set. 2022. Disponível em: https://exame.com/negocios/bill-gates-diz-que-sua-fundacao-filantropica-tem-data-para-acabar/. Acesso em: 22 ago. 2023.

com o que o dinheiro verdadeiramente representa. Achava que admitir que eu era milionária faria com que eu me distanciasse da minha família, ficasse longe de meus filhos, perdesse meus amigos e fosse infeliz. Em outros termos, achava que o dinheiro era sujo e não via um verdadeiro sentido para ter orgulho dele. Já Melinda e Bill Gates mostraram que o dinheiro pode ter um propósito muito maior em nossa vida: ele pode nos fazer ajudar efetivamente milhares de pessoas.

Em 2022, a *Forbes* fez um levantamento no qual apurou que o valor anual doado pelos 25 maiores filantropos dos Estados Unidos chegou a 27 bilhões de dólares. Vale reforçar, entretanto, que para essa conta foram considerados apenas os valores efetivamente desembolsados pelas fundações, e não apenas quantias anunciadas e não empenhadas. Vamos ver alguns números em relação aos cinco maiores filantropos do mundo?[46]

Bill e Melinda Gates doaram, ao longo de toda a vida, 38,4 bilhões de dólares; em 2022, 5 bilhões de dólares. George Soros, investidor húngaro-americano e fundador da Open Society Foundations doou, ao longo da vida, 18,4 bilhões de dólares; em 2022, 300 milhões de dólares. MacKenzie Scott, autora, ativista e filantropa norte-americana doou, ao longo de sua vida, 14,43 bilhões de dólares; em 2022, 5,82 bilhões de dólares. E Michael Bloomberg, empresário, político e filantropo norte-americano doou, ao longo de sua vida, 14,4 bilhões de dólares; em 2022, 1,7 bilhão de dólares.[47]

Em relação ao Brasil, temos Elie Horn, fundador da Cyrela, que tem tido uma participação bem importante no mundo da filantropia. Segundo matéria publicada pelo Fórum Brasileiro de Filantropos e Investidores Sociais, ele foi o primeiro brasileiro a assinar o Giving Pledge, uma declaração conhecida mundialmente que fala que vai doar, em vida, pelo menos 50% de tudo o que conquistou. Segundo a mesma pesquisa, até outubro de 2021 essa iniciativa contava com 224 assinaturas.[48]

---

[46] BONFIM, M. Os maiores filantropos americanos doaram US$ 27 bilhões em 2022. Saiba quem lidera a lista. **Exame**, 23 jan. 2023. Disponível em: https://exame.com/negocios/os-maiores-filantropos-americanos-doaram-27-bilhoes-em-2022-saiba-quem-lidera-a-lista/. Acesso em: 22 ago. 2023.

[47] *Ibidem.*

[48] CARDOSO, L. Fórum Brasileiro de Filantropo e Investidores Sociais. **IDIS**, 29 set. 2023. Disponível em: https://www.idis.org.br/tag/forum-brasileiro-de-filantropo-e-investidores-sociais. Acesso em: 17 out. 2023.

Olhando para esses números, quero que você reflita: é possível chegar a esses patamares de auxílio aos que mais precisam se não construirmos a nossa própria prosperidade? Com certeza não. Demorei muitos anos para entender isso, e quero que você termine este capítulo com as informações certas para que também mude a sua mentalidade.

Nesse momento, entendo que possa estar rodeando você a crença de que eles são bilionários e você jamais chegará lá. A questão é: você poderia vender mais e ajudar mais pessoas se tivesse mais recursos para marketing, estoque etc.? Poderia contratar e empregar mais pessoas? Poderia construir um ecossistema com um negócio? Poderia contribuir para o mundo com tecnologia, informação, com uma ideia genial? Se a resposta for sim, você precisaria (precisará) de dinheiro para viabilizar isso?

Ou seja, olhe com o que você pode começar. Ter dinheiro somente para você e para as suas necessidades básicas é escassez e egoísmo, essa é a maior prova de egocentrismo que você pode ter.

Gostaria de propor a você uma ação efetiva. A seguir vou deixar uma série de afirmações e quero que você escreva em um papel e cole em um local que verá todos os dias e repita, de preferência ao dormir e ao acordar:

> O dinheiro vem até mim com facilidade.
> Ele chega por diversas fontes e de diversas maneiras.
> Sou uma boa administradora e multiplicadora de riquezas.
> Por isso, o dinheiro me procura.
> À medida em que enriqueço todas as áreas de minha vida melhoram.
> Eu sou uma fonte de prosperidade e riqueza.
> Minha presença melhora tudo ao meu redor.
> Minha visão do mundo é sempre positiva.
> O meu futuro é glorioso.
> Plenitude e prosperidade me acompanham.
> Sou feliz e saudável.
> Eu amo a riqueza e o que ela proporciona.

Tendo isso em vista, quero que você leia com muita atenção o próximo tópico para que vá ainda mais em direção à mentalidade correta em relação ao dinheiro.

CRENÇAS LIMITANTES NÃO RESISTEM A RESULTADOS CONCRETOS **145**

Não existe nenhuma crença limitante que resista a um resultado concreto.

@keniagamaoficial

NEM TUDO O QUE VOCÊ PENSA
É O QUE ACONTECE DE FATO

Chegou a hora de falarmos de mitos e verdades sobre os ricos. Algumas pessoas pensam que o rico é assim: acorda a hora que quer, não faz nada, não trabalha, só dá ordens, é alienado, vive em seu canto, é distante de Deus, é fútil, não é generoso, é egoísta, trata mal as pessoas, tem uma vida sem graça porque não tem dificuldades, não passa por nenhum tipo de desafio etc. Em resumo, tem uma vida fácil e tudo o que possui é fruto da futilidade.

Essas são crenças que, infelizmente, estão enraizadas em nossa mentalidade e fazem parte do repertório de muitas alunas que conheci e que viviam uma vida longe da felicidade, da plenitude e da prosperidade. Em outra instância, essas crenças não estavam presentes apenas na vida dessas alunas, como sei também que estavam nas de suas famílias, dentro de casa, no círculo social, nas rodas de amigos, dentro do trabalho e em todos os ambientes que frequentavam. E essas crenças, como vimos anteriormente, estão relacionadas ao "medo" que sentimos de nunca conquistar a prosperidade que queremos. É um mecanismo de defesa e ele nos engana. Vamos falar agora sobre a realidade?

Em sua grande maioria, ricos não se aposentam, têm prazer em trabalhar, constroem e conquistam coisas não pelo prazer em acumular mais riquezas, mas, sim, porque entendem que seu talento não pode ficar parado e obsoleto; têm prazer nas boas companhias e são mais seletivos em relação a isso; não se preocupam com fofocas ou situações que não podem controlar; se concentram em seu próprio desenvolvimento e vida; começaram do zero, algumas vezes mesmo após uma falência e podem ser, sim, tementes a Deus. A imensa maioria é casada e com filhos e tem a família como uma de suas bases e prioridades. São pessoas que cuidam de sua saúde e são muito disciplinadas e amantes de conhecimento. É claro que essas são apenas algumas constatações que os dados nos trazem e eu percebo a partir dos círculos que frequento. Entretanto posso garantir que boa parte dessas características estão presentes na maior parte das pessoas que são verdadeiramente prósperas hoje.

E se você acha que essa construção aconteceu de uma hora para outra, herdando uma fortuna, saiba que está precisando apurar melhor as informações que possui. De acordo com o Billionaire Census 2023, temos dados que levam em consideração se a fortuna foi herdada ou construída com o próprio trabalho. Para os bilionários com menos de 50 anos, temos 55,8% que construíram fortuna com o próprio trabalho, 25,7% que construiu uma parte e herdou outra, e apenas 18,5% que apenas herdou. Para aqueles que têm idades entre 50 e 70 anos, 64,2% construiu a riqueza a partir do próprio trabalho, 27% multiplicaram o que receberam e 8,8% herdaram. Para aqueles com mais de 70 anos, 57,9% fizeram fortuna com o próprio trabalho, 32,8% administram e multiplicam por meio de sucessão familiar e apenas 9,3% herdaram.[49]

Olhando para as características que mencionei sobre os ricos e os dados apresentados, com certeza podemos afirmar que, em sua maioria, são pessoas que ralaram muito, receberam muitos nãos, acordaram cedo e foram dormir muito tarde e, muito provavelmente, levam essa vida até hoje. Fizeram e fazem isso pela família, assim como eu. Assim como você! Essa é a expansão de pensamento que preciso que você tenha a partir de agora. Olhe para os dados, apenas 9% dos super-ricos têm dinheiro puro de herança. É, os dados contrariam o que dizem. A realidade é que mentiram para você a vida inteira sobre riqueza e prosperidade.

No local em que eu nasci, uma realidade de poeira, enxurradas, esgoto a céu aberto, drogas e violência, olhar para essas informações parecia algo distante demais. Entretanto, à medida que fui mudando o meu ambiente, adquirindo conhecimento, furando a minha bolha de reclamação e escassez e, consequentemente, subindo o meu padrão de vida, comecei a perceber que podemos ser muito mais, que o mundo é muito grande para que fiquemos presos somente à nossa realidade, para que deixemos de experimentar o que é uma vida verdadeiramente boa e próspera.

Lembro-me perfeitamente bem da primeira vez que fiz uma viagem internacional e percebi o quanto o mundo é grande, vasto, com centenas de culturas diferentes, pessoas com pensamentos diversos, e como eu me sentia pequena perante tudo isso. Em uma dessas viagens, quando fui a Dubai, senti-me mais uma vez apequenada. Dubai é uma cidade gigante, com enorme acesso à riqueza e um pensamento que vai em direção à alta performance

---

49 IMBERG, M. Billionaire Census 2023. **Wealth-X**, 31 maio 2023. Disponível em: https://wealthx.com/reports/billionaire-census-2023. Acesso em: 23 ago. 2023.

e à evolução. É uma cidade próspera, na qual as pessoas se comportam de modo diferente e estar ali faz você enxergar que precisa deixar as "caixinhas" de crenças limitantes e retrógradas no passado.

Se você ainda está em dúvida de como estamos presos às mentalidades retrógradas, quero contar uma história que aconteceu comigo recentemente e que me fez perceber sobre a importância de estarmos aqui, hoje, tendo essa conversa.

CRENÇAS LIMITANTES NÃO RESISTEM A RESULTADOS CONCRETOS

Em 2022, percebi que eu estava repetindo, guardadas as suas esferas, exatamente o mesmo padrão que estou ensinando você a combater. Quer saber o que aconteceu?

Na época, notei que eu repetia para mim mesma que não faria sentido ser bilionária, que isso não estava nos meus objetivos de vida, afinal, o bilionário precisa ter um avião, milhares de funcionários, várias empresas ao mesmo tempo e que a vida dessas pessoas deve ser muito difícil e caótica. Para mim, os bilionários tinham um trabalho muito maior do que eles podiam suportar e não faria sentido ter esse objetivo em minha vida.

Percebeu o padrão? Já sou multimilionária e ainda tinha bloqueios em relação ao dinheiro. Todos nós temos algum bloqueio, inclusive eu, que tenho como missão ajudar a elevar o nível financeiro das mulheres e fazer com que elas adotem uma mentalidade libertadora em relação ao dinheiro. Em resumo, percebi que estava repetindo as mesmas crenças limitadoras, porém agora em um novo patamar. E sabe como consegui tomar consciência disso? Em um almoço, a partir do exemplo.

Fui almoçar com um grupo de empresários bem-sucedidos e chegou ali um bilionário. Chegou de helicóptero, sentou-se conosco, almoçou, conversou e, pelas suas palavras, percebi que é um homem temente a Deus, que emprega milhares de pessoas e que muitas crianças estudam por conta disso. Ele contou das ações que faz com os colaboradores, dos incentivos que proporciona à sociedade, dos programas de filantropia, do auxílio social e de muitos outros. Em determinado momento, o vi conversando ao telefone com a esposa e falando para ela que tudo corria bem ali e que ele estaria em casa em breve para que pudessem jantar juntos. Em outras palavras, ele tem negócios dignos, é bem-sucedido, jovem e tem consciência do que o dinheiro pode realizar de bom tanto na própria vida quanto na vida do próximo.

E foi assim que pensei: *sim, ele é bilionário, mas a vida dele é muito boa. Ele é íntegro, bem-relacionado, jovem, com uma família linda, temente a Deus e está ajudando muito a sociedade. Por qual motivo seria tão ruim assim ser bilionário?* Essa foi a virada de chave que tive em minha vida. Precisei repetir as mesmas crenças e ver a realidade para que pudesse mudar minha mentalidade. E sabe por qual motivo isso acontece? **Porque não existe nenhuma crença limitante que resista a um resultado concreto**.

Então quando saí daquele almoço, tive a certeza de que estava desbloqueando em mim um olhar diferente e novo em relação ao dinheiro. Sabia, lá no fundo, que essa crença precisava se dobrar e ir embora. E é exatamente isso que quero que você faça. Por isso é tão importante estar em círculos sociais que privilegiam esse tipo de análise e mentalidade, pois ao observarmos e analisarmos pessoas com esse perfil, traremos para nós mesmos novas possibilidades e ajustes de quem queremos ser.

O dinheiro não é mal, não é um vilão em sua vida. Ele é um instrumento. E instrumentos não mudam as pessoas, eles só potencializam quem elas verdadeiramente são.

Exercício: quebre a crença

Para finalizarmos o capítulo, quero que você faça um exercício de quebra de crenças em relação a tudo o que você enxergava sobre as pessoas ricas e o que passará a ver a partir de agora. Vamos lá?

Parte 1. Anote a seguir, a partir da leitura do capítulo, todas as crenças que você tinha em relação aos ricos. Não poupe palavras nem sentimentos. Deixe a sua mente fluir, vá em direção às conversas de que participou e falas que proferiu por aí. Coloque no papel tudo o que é limitante e está em seu coração.

....
....
....
....
....
....
....

Parte 2. Agora que colocou no papel todas as crenças que tinha em relação às pessoas prósperas, chegou o momento de tomar para si mesma todas as crenças positivas que o dinheiro trará em sua vida. Anote a seguir tudo o que é positivo em relação ao dinheiro e que você levará com você em seu coração a partir de agora.

....
....
....
....
....
....
....

CRENÇAS LIMITANTES NÃO RESISTEM A RESULTADOS CONCRETOS **151**

Parte 3. Com essas respostas em mãos, quero que feche os olhos e repasse tudo o que colocou na parte 2 do exercício. Faça o resumo de tudo em apenas uma frase no espaço que deixei a seguir. Esse será o seu mantra da prosperidade a partir de agora!
Exemplo: "O meu trabalho é digno, traz prosperidade para a minha vida e para a minha família e honrarei todo o dinheiro que recebo todos os dias".

....
....
....
....
....
....

Aposto que você está se sentindo mais leve e sintonizada em uma frequência positiva para avançarmos.

No próximo capítulo, falarei sobre como a riqueza, quando direcionada para o ecossistema em que vivemos, é digna e deve ser buscada!

Ter dinheiro somente para você e para as suas necessidades básicas é escassez e egoísmo, essa é a maior prova de egocentrismo que você pode ter.

@keniagamaoficial

CAPÍTULO 9

Princípios que aproximam você da riqueza

Você sabia que apenas em 1879 as mulheres passaram a poder frequentar as universidades?[50] Sabia que somente em 1932 elas passaram a poder votar nas eleições? E que, para fazer isso, até 1934, as que eram casadas precisavam ainda de autorização do marido? Ou que até 1962 dependiam de autorização do marido também para poder trabalhar? E que até esse mesmo ano elas não poderiam ter conta bancária?[51]

Isso tudo é histórico, cultural e contribuiu enormemente para que tivéssemos e tenhamos, até hoje, tantas crenças limitantes em relação ao dinheiro. Como vimos nos capítulos anteriores, as crenças são passadas de geração em geração e não se esvaem da noite para o dia. Tudo isso também explica, de certo modo, boa parte da maneira como pensamos e agimos.

Nesse sentido, vejo que as mulheres vivem em um ciclo composto por dois estágios, e eles levam a um terceiro, que representa a liberdade. Veja a figura a seguir.

[50] MÊS da Mulher: veja 4 avanços das mulheres ao longo da história. **Mackenzie**. Disponível em: https://blog.mackenzie.br/vestibular/materias-vestibular/mes-da-mulher-veja-4-avancos-das-mulheres-ao-longo-da-historia/. Acesso em: 30 ago. 2023.

[51] CUNHA, A.; MENEZES, L. Cinco fatos sobre direitos das mulheres no Brasil. **Aos Fatos**, 8 mar. 2019. Disponível em: https://www.aosfatos.org/noticias/cinco-fatos-sobre-direitos-das-mulheres-no-brasil/. Acesso em: 30 ago. 2023.

O primeiro estágio é o *ter*. Nele, a mulher entende que precisa ter algo, que precisa buscar sua independência financeira. Ela precisa *ter* o "dinheirinho" dela, as "coisinhas" dela e a independência dela. Quando ela realiza isso, passa para o próximo estágio: *ser*. Ele diz respeito ao momento em que ela já consegue entender que é preciso olhar para seu interior, para suas crenças para se libertar e para que possa *ser* diferente, *ser* próspera. Depois de termos somado o *ter* e o *ser*, chegamos ao estágio final: o *viver*. Em outras palavras, o resultado é o *destravar* desses níveis para *viver* a prosperidade. Se isso não estiver muito claro, não conseguiremos ter resultados nunca.

A verdade é que a hierarquia da identidade deveria acontecer em outra ordem e nomenclatura: ser – fazer – ter.

Contudo, como ser uma mulher livre de relacionamentos abusivos quando não há independência financeira? Como ser uma profissional feliz quando não há retorno financeiro do que se faz? Como ser uma mulher autoconfiante quando não se tem autoestima nem recursos financeiros que facilitem o cuidado com a pele, o cabelo, o corpo, entre outros cuidados importantes?

A questão é muito tênue. Não é o que você tem que define quem você é, contudo, suas crenças sobre sua identidade também se ajustam conforme os resultados que tem a partir do que faz. Então, em vez de pensar nesse percurso como uma escada, pense nele como um ciclo, em que cada parte tem sua importância e contribui para o próximo nível.

Sendo assim, agora que você já sabe sobre todos esses fatores e os estágios da liberdade financeira feminina, chegou a hora de passarmos para um novo patamar de entendimento em relação ao que é preciso para que você destrave a prosperidade em sua vida.

PIRÂMIDE DA PROSPERIDADE FINANCEIRA

Você já ouviu falar sobre a pirâmide da prosperidade financeira? Segundo a Programação Neurolinguística (PNL), existe uma hierarquia neurológica que seguimos e que é explicitada por essa pirâmide. Eu a apresento em minhas aulas e processos individuais com minhas mentoradas para mostrar como funciona cada um dos níveis que envolvem o nosso processo de crescimento.

No primeiro nível temos o *ambiente*, o terreno fértil em que nossa vida financeira começa a se moldar. Ele é o ponto de partida em que somos influenciadas por fatores externos, desde o ambiente em que crescemos até as mensagens sociais e culturais que recebemos. É preciso mudar o ambiente em que estamos inseridas para que possamos ter atitudes e pensamentos diferentes. **Preste atenção neste princípio: o ambiente sempre vence!**

No segundo nível da jornada, entramos no território dos *comportamentos*. É o estágio em que as mulheres começam a traduzir seus desejos e intenções em ações concretas. Aqui, é crucial dar vida às aspirações financeiras por meio de escolhas e comportamentos diários, ou seja, é preciso a busca ativa por educação financeira e por estar ao lado de pessoas que estimulam esse tipo de crescimento. É preciso estabelecer comportamentos que apoiem seus objetivos financeiros em direção à liberdade. A riqueza exige hábitos.

Em *capacidades*, que é o próximo nível, temos as habilidades e os conhecimentos práticos que adquirimos para transformar nossos objetivos financeiros em realidade, ou seja, é o estágio em que devemos nos capacitar para entender o *como* da jornada e, à medida que a capacitação aumenta, mais resultados alcançaremos. O dinheiro não aceita desaforo, ele é uma energia que procura bons administradores e multiplicadores.

Seguimos, então, para o estágio de *crenças e valores*, que diz respeito a se livrar de todas as crenças ruins e ver que você é independente, próspera, capaz e inteligente. É uma cidadã que tem poder de contribuir com o mundo. Lembre-se: não há nenhuma crença limitante que resista a um resultado concreto!

Ao nos entendermos a partir dessas características, seguimos para o nível da *identidade*, que é o de sair de um lugar que vê o dinheiro como uma possibilidade distante e passar a enxergá-lo como algo que faz parte do nosso ecossistema. A partir disso, entenderemos também a importância de contribuir com a sociedade. É quando a gente se declara, se visualiza e se dá conta de que é rica.

Por fim, chegamos ao patamar da *espiritualidade*, que nada mais é do que o lugar de ser quem mais contribui porque entendeu verdadeiramente como funciona o círculo virtuoso da prosperidade. É um estágio que envolve a exploração de como a nossa liberdade financeira pode ser usada para criar impacto positivo, seja por meio da filantropia, contribuição com a tecnologia, ciência ou daquilo que sentimos no coração que faz sentido e melhorará a sociedade em que vivemos. É a etapa da liberdade financeira que não fala apenas do que alcançamos individualmente, mas também de como podemos fazer a diferença na vida de outros. Leia esta parte em voz alta: "Eu sou uma fonte infinita de prosperidade e riqueza e abençoo todos ao meu redor".

Entender, analisar e passar pelos estágios faz parte do meu objetivo com relação a você, durante esta leitura. Tenho certeza de que muitas leitoras começaram no estágio do ambiente e já pularam para os próximos. Outras podem ter começado já em estágios mais avançados como na parte de capacidades, mas o fato é que quero que você entenda como é fundamental identificar e analisar sua trajetória para que chegue ao topo da pirâmide. Por isso, faremos um exercício.

Exercício: pirâmide da liberdade financeira

1. Quero que você pause a leitura por um momento, olhe para a pirâmide financeira e reflita sobre o estágio em que você está. Na imagem a seguir, anote seu nome ao lado do estágio em que se encontra.

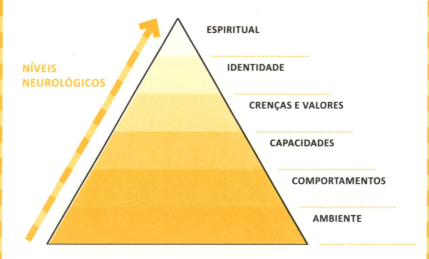

2. A partir dessa definição, você colocará a seguir quais ações colocará em prática nos próximos 15 dias para que possa evoluir e seguir para o próximo nível. Lembre-se: essas ações podem envolver as mais variadas opções, como ir a um evento, se conectar com determinadas pessoas, ler livros, buscar conhecimento etc.

1. ....
....

2. ....
....

3. ....
....

```
4. ........................................................................................
   ........................................................................................

5. ........................................................................................
   ........................................................................................
```

Agora que você já tem o conhecimento e as ações que precisa fazer em relação à pirâmide financeira, chegou a hora de falarmos sobre outro assunto muito importante: os tipos de pessoas.

OS QUATRO PERFIS – EM QUAL VOCÊ SE ENCAIXA?

Algumas pessoas pensam no dinheiro como um supridor de necessidades pessoais e individuais. Outras veem nele uma oportunidade de manipulação. Outras, de se aproveitar da própria fragilidade. Outras, ainda, têm muito medo dele. E isso acontece porque elas ainda não transcenderam esse nível de domínio e consciência de riqueza. Pensando sobre isso, quero apresentar para você os quatro perfis de pessoas em relação ao dinheiro. São eles:

EXISTEM QUATRO TIPOS DE PESSOAS

EGOÍSTAS — recebem / não doam

ESTÉREIS — suficientes / não doam e nem recebem

SOBERBAS — só doam / não recebem/não merecem

PRÓSPERAS E PLENAS — doam e recebem / o copo está sempre transbordando

DESPERTE A MULHER RICA QUE EXISTE EM VOCÊ

Egoístas: em geral, são aquelas pessoas que sabem receber, e fazem isso muito bem! Entretanto, não sabem doar, ceder nem mesmo reconhecer o que recebem.

Estéreis: segundo a definição do próprio dicionário: "Incapaz de dar frutos, de produzir ou criar".[52] Em outras palavras, são indivíduos que não conseguem doar nem receber.

Soberbas: o soberbo é arrogante, se acha elevado em relação aos outros e por isso acredita que é preciso apenas doar, nunca receber. Não acha que merece nada. Sabe aquela frase que você fala: "Não precisa, imagina!"? Então… representa a soberba!

Prósperas e plenas: doam e recebem com equilíbrio. Entendem a prosperidade e são capazes de gerar esse ecossistema na própria vida e na daqueles com quem se relacionam. O perfil da prosperidade é o que você está aqui para alcançar!

Certo dia, uma mentora muito importante em minha vida foi me dar um sapato. Era um da marca Louboutin, um sapato "de gente rica". Olhei e falei imediatamente: "Não precisa!". Eu não me achei merecedora. Contudo, muitas vezes eu também fazia aquela afirmação de maneira arrogante, como quem não precisa de nada mesmo. Naquele dia, quem estava me presenteando disse: "Você acha que tem a ver com você? Me deixe plantar sementes na sua vida, eu que colherei, não impeça minha colheita".

Pensando sobre esses perfis e imaginando que todos eles se encontram em uma festa de aniversário, teríamos um diálogo mais ou menos assim:

Egoístas: "Ah, não trouxe presente para você porque não consegui sair para comprar."

Estéreis: "Eu sei que é meu aniversário, mas não quero presentes porque nunca consigo comprar nada para ninguém."

Soberbas: "Imagine, não deveria ter se preocupado comigo e com um presente."

Prósperas e plenas: "Obrigado pelo presente e pela sua presença. É muito especial ter você aqui e foi muito gentil de sua parte pensar no que eu gosto."

---

52 ESTÉRIL. *In*: DICIONÁRIO Caldas Aulete da língua portuguesa. Rio de Janeiro: Lexicon, 2019. Disponível em: https://www.aulete.com.br/est%C3%A9ril. Acesso em: 30 ago. 2023.

Consegue perceber a diferença entre cada um dos perfis? É claro que o objetivo é chegar ao perfil das pessoas prósperas, entretanto esse é um processo pelo qual também passei. Vejo que já variei entre todos os perfis até conseguir atingir o da prosperidade. E não tenho vergonha de falar disso, da mesma maneira que quero incentivar você a se abrir a partir de agora.

Exercício: os quatro perfis

1. Do mesmo modo que fizemos no exercício anterior, chegou a hora de olhar para como você tem se comportado em sua vida. Olhe para os perfis que vimos anteriormente e reflita sobre o estágio em que você está. Na imagem a seguir, anote o seu nome ao lado do perfil em que se encontra.

2. A partir dessa definição e pensando que o objetivo é estar no perfil da prosperidade, anote abaixo quais atitudes ou mudanças de pensamento terá a partir de agora.

Com tudo isso em mãos, não se esqueça de separar um momento em sua agenda para que possa colocar tudo o que planejou em prática. Se necessário, volte aqui e reveja suas anotações ou até mesmo as coloque em um lugar que poderá olhar com frequência.

EFEITO *GIVE BACK*

Nascida em Marin, Califórnia, MacKenzie Scott tem uma história inspiradora. Seus pais, Jason Baker Tuttle e Holiday Robin, a incentivaram desde cedo a se dedicar ao cenário filantrópico. Ela conheceu Jeff Bezos (que se tornaria o fundador e CEO da Amazon) após começar em um emprego como assistente administrativa na D.E. Shaw, uma empresa de fundo de investimentos, e, três meses após se conhecerem, ficaram noivos e se casaram.[53] Após vinte e cinco anos de relacionamento, MacKenzie e Bezos se separaram, e ela recebeu 36 bilhões de dólares a partir do processo de separação.[54]

A história poderia parar aí e MacKenzie ser apenas mais uma bilionária dos Estados Unidos, mas a verdade é que, a partir desse momento, ela começou a se dedicar ao universo da filantropia. Assinou o The Giving Pledge – um pacto não oficial criado por Bezos e Bill Gates que reúne bilionários dispostos a doar pelo menos metade de suas fortunas ainda em vida – e já doou mais de 12,8 bilhões de dólares para mais de 1,2 mil ONGs.[55]

Para mim, a história dela é tão inspiradora quanto a de Melinda Gates. São duas mulheres que entenderam que, muito mais importante do que prosperar, é preciso também retribuir. E quando falo em retribuir, não me refiro apenas à filantropia, mas, sim, à retribuição de todos os tipos a partir da riqueza que construímos.

No meu caso, eu ajudo mulheres a conseguirem ter conhecimento e empreenderem para que possam alcançar a independência financeira. Luto e

---

[53] QUEM é MacKenzie Scott? **Suno**. Disponível em: https://www.suno.com.br/tudo-sobre/mackenzie-scott/. Acesso em: 30 ago. 2023.

[54] MACKENZIE Scott. **G4 Educação**. Disponível em: https://g4educacao.com/biografias/mackenzie-scott. Acesso em: 30 ago. 2023.

[55] SANDLER, R. O mistério de MacKenzie Scott: como e por que ela escolhe para quem doar. **Forbes**, 10 nov. 2022. Disponível em: https://forbes.com.br/forbes-money/2022/11/como-e-por-que-mackenzie-scott-escolhe-suas-doacoes-e-um-misterio/. Acesso em: 30 ago. 2023.

lutarei sempre por essa causa! Melinda Gates encontrou seu propósito a partir da ciência com vacinas, por exemplo. Já Elon Musk se encontrou a partir da tecnologia e do desenvolvimento.

Quando Musk começou a investir em carros elétricos, você imagina que as pessoas compraram sua ideia logo no início? Eu tenho certeza de que não! E ele está revolucionando o mundo com a Tesla e seus carros elétricos – que hoje em dia estão cada vez com maior participação de mercado, na contra-mão dos combustíveis não renováveis –, com a fabricante de foguetes e tecnologias espaciais SpaceX e todo seu investimento em foguetes e viagens para fora do planeta, e com tudo o que tem construído até agora. Musk é uma das pessoas que retribuem para o mundo tudo aquilo que ele recebeu. Isso é ser próspero, ser produtivo. É você receber e provocar o que chamamos de efeito *give back* que, em tradução livre, é retribuir, "dar de volta".

Give back fala menos de filantropia e mais de retribuição. É sobre essa troca que falamos anteriormente em relação aos quatro perfis das pessoas: receber e doar. Se você for analisar esse conceito, inclusive, faz todo sentido que ele não esteja conectado apenas ao dinheiro, uma vez que uma retribuição muito mais poderosa acontece quando você entende o ecossistema no qual está inserido e encontra uma maneira de contribuir para agradecer tudo o que recebeu. Para praticar o *give back* você pode, por exemplo, ensinar, escutar, cuidar da natureza, cuidar de você, investir naquilo que contribuirá com o mundo etc. Não há limites para a imaginação dentro do efeito *give back*. E isso é a materialização do "multiplicar" talentos.

Retribuir é contribuir para o desenvolvimento do mundo. É entender que não existe mais nessa conversa a figura do "playboy" ou da "patricinha", mas, sim, a de pessoas que entendem que é a partir da prosperidade que construímos vidas melhores para todos. Riqueza é também produtividade! E ela reflete nas pessoas que refletem nos ambientes. Israel e Dubai são ótimos exemplos para isso.

Israel e Dubai são países que contam com desertos em seus territórios. No caso de Israel, especificamente, 62% da área total é ocupada pelo deserto do Neguev.[56] Uma outra parte significativa do seu terreno é semiárido. Apesar

---

56 O DESERTO do Neguev. **Go Israel**. Disponível em: https://goisrael.com.br/o-deserto-do-neguev/. Acesso em: 30 ago. 2023.

disso, Israel é líder em agronegócio e é considerado um dos grandes exemplos em investimento em pesquisas.[57] Já Dubai não conta com muitos recursos naturais como petróleo, minerais ou gás, e estudiosos falam que ele se transformou em um dos países mais ricos do mundo por conta da facilitação dos negócios.[58]

Essa é a lógica da prosperidade: entendemos a dinâmica, prosperamos e retribuímos para a nossa comunidade. E assim cresceremos todos juntos. Por isso acredito que todos nascemos para sermos ricos, pois só assim poderemos evoluir e retribuir para o ambiente tudo aquilo que recebemos.

A verdade é uma só: você ganha proporcionalmente às pessoas que impacta e às vidas que transforma. Lembre-se disso!

AS CHAVES PARA A APLICAÇÃO PRÁTICA DA RIQUEZA

"Nunca deixe ninguém dizer a você que não pode fazer algo. Nem mesmo eu. Se você tem um sonho, tem que correr atrás dele. As pessoas que não podem fazer isso por si mesmas dirão que você não consegue. Se quer algo, corra atrás"[59] – em uma tradução livre e adaptada por mim, essa é uma das frases que Will Smith, interpretando Chris Gardner em À procura da felicidade, traz em uma das conversas com seu filho.

Dirigido pelo diretor Gabriele Muccino, esse premiado longa de 2006 conta a história de um pai que luta pela sobrevivência para sustentar seu filho em meio às dificuldades. Juntos, eles passam por momentos muito complicados, lutando pelas necessidades mínimas que um ser humano possui. Até que as coisas se acertem, o pai do garoto é resiliente, não desiste e mostra que é possível, sim, construir uma vida diferente daquela que possui.

---

57 SUCESSO de Israel no agronegócio é exemplo de eficiência e investimento em pesquisa. **Jornal do Comércio**, mar. 2023. Disponível em: https://www.jornaldocomercio.com/especiais/expodireto/2023/03/1097318-sucesso-de-israel-no-agronegocio-e-exemplo-de-eficiencia-e-investimento-em-pesquisa.html. Acesso em: 30 ago. 2023.

58 MAUAD, J. Qual o segredo do progresso de Dubai. **Exame**, 24 abr. 2019. Disponível em: https://exame.com/colunistas/instituto-millenium/qual-o-segredo-do-progresso-de-dubai/. Acesso em: 30 ago. 2023.

59 À PROCURA da felicidade. Direção: Gabriele Muccino. EUA: Sony Pictures, 2006. (117 min). Disponível em: www.netflix.com.br. Acesso em: 17 out. 2023.

Além de ter uma história inspiradora que enfatiza a importância de nunca desistir dos seus sonhos, mesmo quando as circunstâncias parecem insuperáveis, é um filme que mostra um contexto em que você pode entender as chaves da aplicação da riqueza em sua vida.

Chris Gardner é um homem *produtivo* que, a partir da organização e do *planejamento financeiro*, consegue fazer uma reviravolta em sua jornada; porém, isso não acontece sem que ele tenha tido *sonhos e metas* em um primeiro momento. Quando finalmente conquista a vida que sempre sonhou, recebe as *recompensas* pelo seu trabalho e sabe que pode *descansar,* tendo cumprido a sua missão. Ele diz: "Ainda que o mundo lhe dê as costas, você nunca deve desistir dos seus sonhos".[60]

Por isso, a partir dos pilares da aplicação prática da riqueza, quero que você faça essa mesma construção em sua vida.

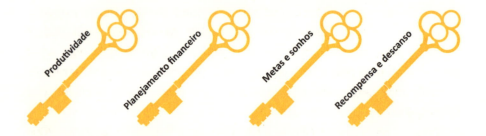

PRODUTIVIDADE

Greg McKeown, autor dos best-sellers *Essencialismo*[61] e *Sem esforço,*[62] começa o segundo livro contando a história de Patrick James McGinnis, palestrante e também autor best-seller. McGinnis vivia pelo trabalho e acreditava, assim como falamos em outros momentos durante este livro, que o trabalho árduo é a única maneira de conseguir dinheiro e sucesso. Achava que as

---

[60] À PROCURA. *op. cit*.

[61] MCKWOWN, G. **Essencialismo**: a disciplinada busca por menos. Rio de Janeiro: Sextante, 2015.

[62] MCKWOWN, G. **Sem esforço**: torne mais fácil o que é mais importante. Rio de Janeiro: Sextante, 2021.

longas jornadas de trabalho eram o que o recompensariam no fim das contas. Mero engano! Certo dia, McGinnis descobre que a empresa em que trabalhava estava em processo de falência e tinha perdido o valor de mercado de suas ações em 97%. E assim percebe que as suas infinitas horas de trabalho haviam sido em vão.

Então Patrick mudou sua jornada, saiu da empresa e – posso dizer, em uma análise pessoal da história que McKeown conta – percebeu que a produtividade vai muito além de apenas fazer muito. Produtividade é terminar o que se começa, ter êxito no que se faz. Percebe a diferença aqui? Patrick, que trabalhava longas horas, passou a voltar para casa todos os dias às cinco da tarde. Começou a cuidar mais da sua saúde, do seu sono, e assim passou a ter mais disposição para fazer o que precisava ser feito. Não em mais tempo, não fazendo muitas coisas ao mesmo tempo, mas sim tendo foco e disciplina para que pudesse olhar para o que realmente era necessário.

Levante a mão caso você já tenha começado seu dia com uma lista infinita de tarefas que não conseguiu realizar nem 10%. Levante a mão se já tomou café da manhã se sentindo exausta por não saber nem por onde começar. Levante a mão se já deixou de fazer coisas por você mesma por saber que tinha tantas atividades e assuntos para resolver que não conseguia encontrar tempo em sua agenda para cuidar de si. Talvez você não tenha levantado a mão por estar lendo este livro em um local público ou porque está deitada ou sentada e precisa das suas mãos para segurá-lo, mas acenou com a cabeça de forma leve, ou consentiu com uma piscada de olhos. Eu sei, nos acostumamos com uma vida atribulada, não é?

Essas situações são muito comuns. Priorizar o que é importante não é uma tarefa que as pessoas tenham facilidade de executar, e produtividade é também conseguir dar prioridade ao que vai trazer para você, de fato, a riqueza. E por isso essa é a primeira chave que precisamos girar em sua jornada.

Quero propor algo a você: se não for nota 9 ou 10, deixe anotado no Trello, no Notion, no bloco de notas, como "ideias". Depois, reveja seus últimos checklists.

Lembre-se, uma lista curta de tarefas realmente importantes é o que traz resultados significativos. **Termine tudo o que começar. Só existe resultado quando se chega ao final**.

Exercício: mais produtividade, mais prioridade

Para se livrar, de uma vez por todas, do excesso de tarefas e do checklist infinito, quero que você crie uma maneira de classificar as suas atividades. Em um primeiro momento faremos isso com todas as suas tarefas do dia a dia, do trabalho e da vida, entretanto você pode levar essa prática para todas as outras áreas e para o que for necessário.

Primeiro precisamos relembrar o que você colocou no fim do capítulo 1, em que fizemos um exercício para que definisse o que é a prosperidade. Volte a esse exercício e anote sua resposta caso ainda siga com a mesma mentalidade. Se quiser ajustar, fique à vontade. É possível que, a essa altura do campeonato, outras fichas tenham caído em sua vida e você queira fazer um ajuste de percurso. Não fique lá, volte aqui.

Depois, com essa resposta definida, quero que crie uma nova maneira de analisar as suas tarefas diárias. Separei algumas tonalidades a seguir e deixei como você pode fazer uma nova análise das atividades. Se preferir, utilize novas cores, mas não deixe de aplicar essa prática a partir de agora. Tenho certeza de que você será muito mais produtiva quando finalmente entender que algumas ações não nos levam à vida próspera que queremos construir.

É muito melhor que você faça poucas tarefas, porém importantes, durante o dia, do que muitas tarefas irrelevantes. É muito melhor que você tenha foco do que abrir infinitas abas em seu computador e não execute nada. É muito melhor que tenha ideias de novos negócios e fontes de renda e possa colocar isso em prática do que passar o seu tempo com pequenezas.

Prosperidade para mim é:	

Azul	**Prioridade.** Aqui você colocará todas as atividades que estão relacionadas aos seus projetos, ao seu negócio, às etapas estratégicas que levarão você em direção ao que realmente importa: a riqueza.
Amarelo	**Semi-prioridade.** Aqui entram as atividades e tarefas que são importantes, mas não tanto quanto as que estão na categoria azul. Elas podem ficar para um segundo momento.
Verde	**Delegar.** Aqui entram as tarefas que não estão diretamente relacionadas à construção de riqueza e que você pode, sim, delegar ou deixar para o futuro.
Próximo passo:	Verifique todas as suas tarefas que são relevantes à construção de prosperidade e as divida entre as cores escolhidas. O que estiver azul é o que você deve focar!

PLANEJAMENTO FINANCEIRO

Não existe riqueza sem planejamento financeiro. Já falamos sobre isso em outros momentos, mas não custa reforçar aqui: de nada adianta ter muito se você não administrar e multiplicar. Em outras palavras, se não tiver planejamento financeiro.

Como uma das chaves que precisam ser abertas em sua vida é a do planejamento financeiro, quero que você o analise a partir de seis vieses fundamentais: liberdade financeira; reserva de emergência; educação; despesas mensais; lazer e diversão; e filantropia, doação e caridade.

Liberdade financeira: é a parte do seu dinheiro que você aplicará em algo que aumentará seu patrimônio. Costumo dizer que você se pagará primeiro para que possa sempre fazer crescer seus rendimentos.

Reserva de emergências: é um dinheiro que você deixará guardado para situações inesperadas. Se investir esse dinheiro, é importante que ele tenha liquidez diária,

PRINCÍPIOS QUE APROXIMAM VOCÊ DA RIQUEZA **169**

ou seja, que você possa retirá-lo sem aguardar prazos longos, afinal, é um dinheiro destinado às emergências. O ideal é não mexer nele! Mas, se precisar, utilize-o.

Educação: é o dinheiro que você separará todo mês para seu desenvolvimento e aprimoramento pessoal. A nossa jornada como seres humanos tem como objetivo o crescimento e o aperfeiçoamento pessoal. Precisamos nos desenvolver, aprender, mudar e crescer. Por isso, o dinheiro destinado à educação é fundamental para que você sempre esteja em contato com novos conteúdos e possa desenvolver sua mente. O simples fato de ter comprado este livro já é um dinheiro investido em educação. Eu invisto anualmente de 15% a 20% do que ganho em capacitação. Não fico sem livros, eventos, congressos, mentorias e masterminds. Esse, sem dúvida, é um grande segredo da minha riqueza, pois consigo estar em um ambiente próspero, vendo a riqueza com meus olhos, conversando com pessoas que expandem minha mentalidade, ou seja, cumprindo vários dos princípios que vimos. Lembre-se: a cada um foi dado segundo a própria capacidade.

Despesas mensais: são as contas que você precisa pagar todo mês e são fundamentais para a sobrevivência: água, energia elétrica, celular, mercado, aluguel etc. Todas essas contas entram em despesas mensais. Lembre-se: é preciso ter um estilo de vida que esteja um padrão abaixo do que se ganha. Quer viver melhor? Ganhe mais!

Lazer e diversão: é a contrapartida das despesas mensais. Você trabalha, se dedica, se esforça e precisa usufruir disso, precisa se divertir e aproveitar a vida. Por isso, esse é o dinheiro que você destinará para que possa se sentir bem e feliz. Todos precisamos de lazer e diversão! Lembre-se: celebre, comemore suas conquistas e descanse.

Filantropia, doação e caridade: como já vimos, a nossa riqueza é proporcional ao número de pessoas que ajudamos, então não podemos deixar de retribuir à sociedade pelo que estamos recebendo. É preciso separar uma parte das suas finanças para isso também!

Todas as pessoas que buscam a riqueza devem cuidar desses conceitos ao cuidar do próprio dinheiro. Em meu primeiro livro, *Desperte a mulher brilhante que existe em você*,[63] eu trouxe uma proposta de como você deve fazer a divisão do seu dinheiro mensal e quero retomar e complementar esse assunto.

---

63 GAMA, K. **Desperte a mulher brilhante que existe em você**. São Paulo: Gente, 2021.

Agora quero que você faça a divisão a partir do seu rendimento mensal. Deixei uma nova figura abaixo e você deve preencher a coluna da esquerda com os valores reais.

Fazer o planejamento financeiro é ter uma visão macro da tríade da riqueza. Quanto ganho e quanto preciso ganhar, quanto gasto e quanto devo gastar, quanto invisto e multiplico e onde posso melhorar.

METAS E SONHOS

Ambição e ganância são termos muito diferentes e que são confundidos com certa frequência. Ganância é o desejo excessivo – e prejudicial – por riqueza, poder, status, ou outras formas de ganho material ou pessoal. É uma busca desenfreada por ter mais, mesmo que, muitas vezes, isso aconteça às custas da ética, da moral e da verdade. A ganância não faz parte da vida das pessoas verdadeiramente prósperas. Já a ambição é um desejo forte e positivo de alcançar metas, objetivos e sucesso em diversas áreas da vida, como na pessoal e na profissional.

A ambição impulsiona para cima. A ganância puxa para baixo. A ambição leva você ao próximo nível. A ganância traz atraso e competição. A ambição é associada ao desenvolvimento, ao altruísmo, à partilha, ao avanço. A ganância é associada à inveja, à deslealdade, à obsessão. Ambição é entender que sou grata pelo que eu tenho, mas que posso sempre melhorar. Então tenha isso sempre na ponta da língua: você precisa ser ambiciosa, não gananciosa. Você precisa buscar realizar os seus sonhos, precisa correr atrás do que quer ter em sua vida por meio da ambição. Característica essa que nos leva a entender que, para que nossos sonhos se realizem, precisamos de sonhos, objetivos e metas.

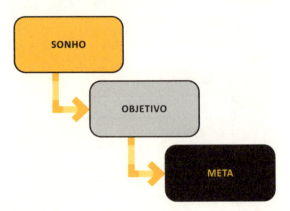

Sonhos são desejos que temos para o futuro. Para uma vida melhor, ter mais tempo com a família, ganhar mais, ser rica, ajudar outras pessoas, viajar pelo mundo etc. Sonhos representam coisas que queremos que se realizem em nossa vida. Porém de nada adianta ter sonhos se não transformá-los em objetivos. Por exemplo: eu tenho o sonho de viajar pelo mundo. Para transformar esse sonho em um objetivo, posso imaginar que o que eu quero é viajar todos os anos para um país diferente. E embora ter um objetivo seja fundamental, ele não funciona do mesmo modo se não o quebrarmos em pequenas metas que nos levarão à realização desse sonho. Voltando e completando o nosso exemplo, ficaria mais ou menos assim:

Se quiser, você ainda pode subdividir essas metas iniciais em metas ainda mais específicas para realizar os seus sonhos. Exemplo: guardar X reais todos os meses, aumentar a minha cartela de clientes em 10% para dobrar meu faturamento, diminuir em 5% os meus custos operacionais etc. São metas mais específicas que vão fazer com que sua fonte de receita aumente e você possa realizar seu sonho com mais agilidade.

Exercício: metas e sonhos

Com esse esquema em mãos, quero agora que você volte ao seu mural da vida próspera e veja se quer mantê-lo assim ou se deseja acrescentar algo. A partir desse mural, quero que você transforme tudo o que colocou ali em sonhos, objetivos e metas. Depois, quero que você coloque datas para que esses sonhos se realizem!

Deixarei alguns espaços para que faça isso a seguir e, caso não seja suficiente, minha sugestão é que você separe uma agenda ou caderno para fazer isso.

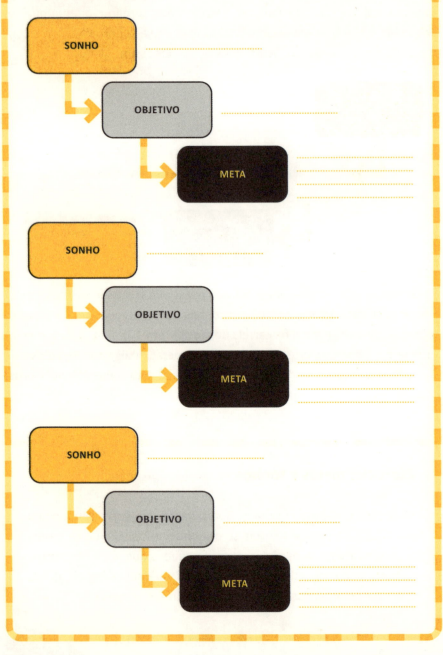

Tão importante quanto sonhar é transformar o sonho em objetivos. Tão importante quanto ter objetivos é ter metas. Tão importante quanto ter metas é realizar. Tão importante quanto realizar é conquistar. Tão importante quanto conquistar é comemorar. E tão importante quanto comemorar é descansar!

DESCANSO E RECOMPENSA

Em muitos momentos, vivemos uma vida robótica na qual a busca desenfreada pela riqueza pode gerar ineficiência em desfrutar aquilo que estamos conquistando. Por isso, ao alcançar seus objetivos, chegamos na última chave da nossa jornada prática da riqueza: o descanso e a recompensa.

À medida que nos esforçamos para alcançar o que almejamos, é importante reconhecer a necessidade de equilibrar nosso foco e esforço com períodos de relaxamento e celebração. Nossa mente precisa entender que existe recompensa pelo nosso esforço, pelo que conquistamos. Precisa entender que existe uma pausa, um momento de leveza e de compensação por tudo o que fizemos para atingir determinado objetivo.

E o descanso é mais do que apenas uma pausa merecida, é uma recompensa que você se dá pelo caminho que trilhou. Quando descansamos, estamos prontos para um novo ciclo, pois essa é a vida. Depois de realizar seus sonhos, você terá novos objetivos e metas pela frente.

Por isso, para fecharmos este capítulo, quero que você tenha um espaço só seu para anotar as suas conquistas e celebrar cada uma delas. Pode ser uma agenda, um caderno, um bloco, um diário ou qualquer outro material que queira separar para isso. Nele, quero que anote suas conquistas conforme elas forem acontecendo, de preferência diariamente e, depois, quero que anote de qual maneira você vai celebrá-las. Esses momentos não apenas nos mantêm equilibrados como também nos ajudam a ter paixão e determinação em direção aos novos sonhos e realizações.

Lembre-se: descanso e recompensa são combustíveis para que você mantenha a chama acesa na busca pela vida próspera que merece. Vejo você no próximo capítulo da nossa jornada!

CAPÍTULO 10

Gire a roda da riqueza

Ter liberdade financeira e acumular riqueza com propósito é poder fazer escolhas mais livremente. É poder decidir o que fazer, decidir passar tempo com a família ou até mesmo como gastar o tempo. É poder escolher viver melhor, ter melhores condições de vida, comer comidas mais saudáveis, conhecer lugares diferentes, viajar, sair, cuidar de si mesma e de todos que você ama. Essa liberdade traz consigo a responsabilidade de ajudar outras pessoas. Agora você já sabe disso, mas esse ato, em si, também é libertador. É gratificante! É ter ambição, humildade e gratidão dentro de si pelo que conquistou. Eu sinto isso diariamente.

Escolhi ter essa liberdade em minha vida e isso me proporciona coisas maravilhosas todos os dias. Em 2022, tive a oportunidade de conhecer as Maldivas e Dubai; em 2023, até setembro, conheci Israel, Grécia e Portugal. Eu tenho seis miniférias de cinco dias por ano, mais duas férias de quinze dias. Eu conheço todo o litoral brasileiro. Eu mando na minha agenda e ela manda em mim. A primeira coisa que minha assistente reserva são meus momentos de descanso e viagens, e eles são muitos.

A liberdade me proporcionou isso a partir do momento em que entendi que precisava fazer o meu dinheiro trabalhar para mim. E sabe como consegui viajar para todos esses países e conhecer os melhores resorts do Brasil? Porque, enquanto viajava, as minhas empresas continuavam funcionando normalmente.

Por serem negócios autogerenciáveis, eles não dependem mais de mim. Continuam funcionando mesmo quando não estou lá. Por isso, quero trazer a partir de agora elementos para que você também possa fazer o seu dinheiro trabalhar para você.

O PODER DOS NEGÓCIOS AUTOGERENCIÁVEIS

A verdade é que a busca por eficiência e sustentabilidade fez com que muitos empreendedores explorassem novas abordagens para administrar o próprio negócio. Quando falo de autogerenciamento, estou me referindo às empresas que operam de modo eficaz com o mínimo de intervenção direta do proprietário. Não é só uma abordagem revolucionária, como também inovadora para todos aqueles que pensam em construir prosperidade na própria vida.

Mas é claro que isso não acontece sem estratégia e planejamento. De modo muito simples, para que um negócio seja autogerenciável, é preciso ter processos bem-definidos, equipe capacitada, tecnologia e automação e fontes de renda independentes. A minha pretensão não é explicar os detalhes desses temas porque poderíamos ter um novo livro apenas para falar sobre isso e esse é exatamente o tema de minhas mentorias de negócios, mas a minha intenção é, sim, abrir a sua mente para essa possibilidade. Foi exatamente assim que apliquei em minha jornada.

A importância de ter processos bem-definidos é para que todos os envolvidos saibam exatamente o que precisa ser feito dentro do escopo de tarefas existentes. Equipe capacitada é aquela que consegue seguir com a tomada de decisões sem procurar o dono a todo momento. Imagine só se a minha equipe precisasse dos meus sins ou nãos enquanto estou palestrando ou dando mentorias? A empresa ficaria estagnada à espera de respostas que poderiam mudar os resultados. Já a tecnologia e a automação são necessárias para aumentar a produtividade, aumentar a possibilidade de venda e de resultados. Por fim, fontes de renda independentes são aquelas que estão "rodando" e gerando renda contínua mesmo sem a sua intervenção direta.

Imagine que você pode vender dormindo. Acordar com mais dinheiro na sua conta bancária. Sim, é possível, através de processos, tecnologia e marketing estruturado. Falarei com mais detalhes sobre isso adiante!

Apesar de tudo isso ter muitas nuances e possibilidades, a chave está em reconhecer a viabilidade de uma nova abordagem e a riqueza de oportunidades que ela pode oferecer. Minha própria jornada é um testemunho de como esses princípios podem ser aplicados com sucesso. Imagine ter a liberdade de palestrar, mentorar e buscar novas oportunidades, sabendo que o seu negócio está prosperando de forma autônoma?! Isso é ter um negócio autogerenciável e é uma visão alcançável.

FAÇA O DINHEIRO TRABALHAR PARA VOCÊ

Existem algumas maneiras de fazer o dinheiro trabalhar para você que detalham um pouco mais a jornada do negócio autogerenciável. São investimentos em que você faz a aplicação do seu capital e tem uma expectativa de retorno no futuro. E você deve pensar nisso a partir do momento em que puder separar reservas financeiras que vão fazer cada vez mais a roda da riqueza girar em sua vida. Acompanhe comigo as explicações a seguir.

Aplicações financeiras

Quando me refiro às aplicações financeiras, costumo falar que estamos colocando ali o ato de se pagar primeiro, assim como vimos no capítulo anterior em planejamento financeiro. Ou seja, a aplicação financeira será a sua reserva de emergência e uma das fontes de renda que garantirá a você uma aposentadoria confortável no futuro.

Essas aplicações costumam ter baixo risco e, por isso, baixo retorno. E como vimos, o ideal é que elas estejam em algum investimento com liquidez diária. Podem ser papéis do tesouro na renda fixa ou outros que paguem um valor acima da média como títulos privados também de renda fixa, CDBs, LCIs e LCAs. Esse tipo de papel paga porcentagens do CDI (Certificado de Depósito Interbancário), então prefira os que pagam mais de 100%. E o CDI é uma taxa de juros que costuma acompanhar a taxa Selic.

Bancos tradicionais e até os digitais hoje em dia já oferecem esse tipo de possibilidade para os clientes, basta procurar o que mais se adequa ao seu perfil. Evite a poupança, dificilmente ela renderá mais que a inflação.

Geração de dividendos

Outra possibilidade de investimento é pensar na geração de dividendos. Mas o que isso significa? Significa que você vai investir seu dinheiro em uma empresa que faz a distribuição regular dos lucros e proventos que recebe. Nesse caso, ao investir nessa empresa, você será um de seus "acionistas". Eu invisto em outras empresas, das minhas próprias mentoradas, e nem sempre é com dinheiro. Pode ser com *media* ou *influence equity*, ou seja, usando minha imagem e influência para potencializar um negócio. Pode ser com *smart money*, ou seja, com conhecimento que escale aquele empreendimento e ainda com capital financeiro como investidora tradicional. Também posso investir

GIRE A RODA DA RIQUEZA **179**

nas fazendas dos meus vizinhos, dando a eles maquinários e tecnologia e recebendo parte do que eles colhem.

Para esse tipo de investimento, a minha sugestão é que você busque conhecimento na área e procure empresas sólidas e com expectativa de colher bons frutos nos próximos anos.

Ações e fundos de investimento

Além disso, é possível pensar também em estratégias como a compra de ações e a participação em fundos de investimento. Também é uma ótima opção para gerar renda e crescimento financeiro a longo prazo.

Normalmente é entregar parte de sua reserva para alguém que consiga gerar mais dinheiro do que você. Para fazer isso, sugiro também que procure conhecimentos na área para que faça boas escolhas.

Com essas estratégias e muito conhecimento, você deixa de ser apenas uma espectadora da sua jornada financeira e passa a ser a protagonista. Essa é a meta quando o assunto é construção de riqueza!

Essas são algumas das maneiras tradicionais ensinadas no mercado, contudo, você pode reaplicar lucro em tráfego pago, comprar imóveis em leilão, diversificar seus investimentos e aportar parte deles em atividades de maior risco, mas também de maior rentabilidade, ou seja, toda oportunidade que uma boa administradora e multiplicadora de riquezas encontra. Sabe quem me ensinou isso? A mulher de Provérbios.

> Uma esposa exemplar; feliz quem a encontrar! É muito mais valiosa que os rubis.
> Seu marido tem plena confiança nela e nunca lhe falta coisa alguma.
> Ela só lhe faz o bem, e nunca o mal, todos os dias da sua vida.
> Escolhe a lã e o linho e com prazer trabalha com as mãos.
> Como os navios mercantes, ela traz de longe as suas provisões.
> Antes de clarear o dia ela se levanta, prepara comida para todos os de casa e dá tarefas as suas servas.
> Ela avalia um campo e o compra; com o que ganha, planta uma vinha.

Entrega-se com vontade ao seu trabalho; seus braços são fortes e vigorosos.

Administra bem o seu comércio lucrativo, e a sua lâmpada fica acesa durante a noite.

Nas mãos segura o fuso e com os dedos pega a roca.

Acolhe os necessitados e estende as mãos aos pobres.

Não receia a neve por seus familiares, pois todos eles vestem agasalhos.

Faz cobertas para a sua cama; veste-se de linho fino e de púrpura.

Seu marido é respeitado na porta da cidade, onde toma assento entre as autoridades da sua terra.

Ela faz vestes de linho e as vende, e fornece cintos aos comerciantes.

Reveste-se de força e dignidade; sorri diante do futuro.

Fala com sabedoria e ensina com amor.

Cuida dos negócios de sua casa e não dá lugar à preguiça.

Seus filhos se levantam e a elogiam; seu marido também a elogia, dizendo:

"Muitas mulheres são exemplares, mas você a todas supera".

A beleza é enganosa, e a formosura é passageira; mas a mulher que teme ao Senhor será elogiada.

Que ela receba a recompensa merecida, e as suas obras sejam elogiadas à porta da cidade.

(Provérbios 31:10-31)

Pelo texto, podemos inferir que essa mulher tinha habilidade em encontrar oportunidades, em fazer negócios, que era uma boa gestora e que tinha ânimo e força. Também era generosa e fazia tudo com qualidade. Com absoluta certeza, essa mulher era uma grande empreendedora em sua cidade.

Quero ser honesta: aplicações e fundos são importantes para uma reserva financeira e até para aumentar de forma passiva e lenta sua renda a longo prazo, mas se você quiser enriquecer, precisará empreender. E ter isso muito claro em sua mente é o que separará você daquelas que não conseguirão atingir a prosperidade financeira.

VENDA O SEU CONHECIMENTO, NÃO A SUA HORA

Falei anteriormente sobre ganhar dinheiro dormindo. Parece um sonho, não é mesmo? Mas não é! É possível por meio de processos, tecnologia e marketing estruturado. Chegou o momento de expandir esse tema para que, caso você ainda não tenha tomado a iniciativa de empreender, você comece a partir de agora. Vou iniciar explicando os três tipos de negócios.

(1) Negócios que vendem produtos

Loja de roupas, acessórios, joias, biquínis, um restaurante, ou qualquer outro tipo de negócio que faça a venda de materiais físicos.

(2) Negócios que vendem serviços

Aqui estamos falando de todas as empresas que prestam algum tipo de serviço para seus clientes e parceiros. Por exemplo, uma designer de sobrancelhas, uma manicure, uma maquiadora, uma especialista em *lash lifting,* uma corretora de imóveis ou seguros, uma advogada e por aí vai. Em resumo, a prestação de serviço é tudo aquilo que envolve um trabalho prestado que não tenha um vínculo físico, por isso é um serviço.

(1/2) Negócios mistos

São aqueles que encontram oportunidade de vender produto e serviço simultaneamente. Uma assinatura de box de produtos de beleza, por exemplo. Uma consulta com nutricionista que tenha um pacote de fornecimento de suplementos, ou uma pet shop que faça banho e tosa e também venda rações e brinquedos. Ou seja, novamente, encontrar oportunidades de solucionar problemas e proporcionar sonhos.

(3) Negócios que vendem infoprodutos

Aqui a teoria pode complicar um pouco mais, mas vou descomplicar para você. Infoproduto é um produto digital que ensina e transforma a vida de alguém. É uma maneira de transmitir conhecimento, explicar uma metodologia, promover o desenvolvimento ou atender alguma necessidade do mercado. Infoprodutos podem ser e-books, podcasts, audiolivros, tutoriais variados, cursos, videoaulas, mentorias, comunidades, produtos de recorrência, workshops gravados etc. São muitas as possibilidades!

A grande questão é que ter um negócio que comercializa um infoproduto pode abrir muitas possibilidades. E como todos temos talentos, todos temos conhecimento a repassar e ensinar. Aliás, a melhor forma de ficar realmente bom em algo é ensinando.

Acompanhe comigo: uma das minhas alunas começou um negócio que vendia bolos e cookies dentro da própria casa, ou seja, tinha uma empresa que vendia um *produto*.

Expandiu, alugou um local novo, começou a produzir e vender mais e precisou contratar uma assistente. O negócio cresceu, ela e a assistente já não davam mais conta de produzir tudo e precisavam de uma nova pessoa que cuidasse dos atendimentos e outra para ajudar nas produções. Assim seguiu até que ela percebeu algo muito importante a partir de nossas conversas. Perguntei a ela se já tinha pensado em vender suas técnicas e talento para formar outras confeiteiras espalhadas pelo Brasil. Queria incentivá-la a estourar a própria bolha. Ela disse que sim, que já tinha imaginado isso, mas que nunca tinha colocado em prática. Na cidade em que atuava era vista como a melhor confeiteira, com uma técnica diferente e muito autêntica. E assim ela foi em frente com a ideia.

Começou com um e-book que ensinava uma receita única de bolo. Depois fez um curso para iniciantes em confeitaria. Expandiu para um workshop presencial que foi gravado e distribuído em uma plataforma automatizada. Passou, então, para um curso completo de confeitaria e, por fim, hoje ela dá mentoria apenas para as mulheres que chegam em determinados patamares da jornada desse universo. E tudo isso enquanto o seu negócio ainda funciona: um negócio autogerenciável. Essa aluna aprendeu como poderia vender o seu conhecimento, e não mais apenas a sua hora.

Vejamos mais uma história: outra aluna tinha uma empresa em que ensinava inglês, ou seja, vendia um serviço. Era professora desse idioma e tinha uma escola própria, porém pequena em sua cidade. Desenvolveu um método inovador para que seus alunos aprendessem mais rápido a língua inglesa e conseguiu resultados muito bons, porém se deparou com o mesmo problema do exemplo anterior: ela não conseguiria escalar e crescer se não multiplicasse as suas horas, uma vez que a base do seu negócio era a sua técnica. Poderia abrir mais escolas, contratar mais pessoas, mas sempre esbarraria no quesito tempo e espaço, pensando que precisaria abrir novas unidades, treinar professores, investir quantias enormes em espaços físicos etc.

A solução seria ter uma esteira de produtos na qual ofereceria a possibilidade de outras pessoas acessarem a sua *técnica* (o seu talento, conhecimento) para que pudessem replicar em qualquer lugar do Brasil ou do mundo. Seria um negócio que comercializava infoprodutos.

Percebe qual é a lógica em ambas as histórias? Existe a possibilidade de abrir um negócio, oferecer um produto ou serviço, mas existe também a opção de fazer o seu conhecimento trabalhar para você e transformar isso em um infoproduto que gere fontes diversas de riqueza. Poderíamos falar, então, que para cada um dos tipos de empresa que mencionei anteriormente, girar a roda da riqueza envolve esses três tópicos que trarei a seguir.

(1) Negócios que vendem produtos

Se você ainda não é empreendedora, pode encontrar um mercado que precise de uma solução para que você faça essa entrega de produtos. Você pode ter um perfil no Instagram e criar uma estratégia de vendas, postar fotos e vídeos dos produtos, começar um negócio pequeno e ir expandindo.

Você pode, a partir disso, montar um e-commerce para vender esse produto ou até mesmo estar presente em outros marketplaces, como Mercado Livre e iFood (no caso de alimentação), ou outros que são mundialmente conhecidos, como a Amazon. Se você fizer isso e construir uma entrega automatizada, estará vendendo de modo sistemático e sem precisar de muito investimento de tempo. Você deixa de vender no um a um e passa a vender em maior quantidade.

(2) Negócios que vendem serviços

Se você vende um serviço ou pensa em começar um negócio que venderá, o objetivo é treinar uma equipe que possa fazer a mesma entrega que você faz. Com isso, você estará transformando o seu conhecimento e a sua experiência para formar pessoas técnicas como você para operar e entregar na mesma qualidade e dedicação que você faria. Assim conseguirá sair da operação! Chegamos a um novo patamar.

(3) Negócios que vendem infoprodutos

Para as opções 1 e 2, você pode ter um braço diferente no qual entrega um infoproduto. Isso é usar a sua inteligência financeira!

Ter um negócio que entrega essa solução é poder contratar e treinar mais pessoas, olhar qual é o melhor produto, entender em quais locais você tem margens maiores de lucro. É multiplicar a riqueza sem estar na operação. É deixar de vender a sua hora e passar a vender o seu conhecimento. E não só com o infoproduto especificamente, mas, sim, com vendas automatizadas por meio do marketing digital e escalando esse negócio em patamares maiores para que as pessoas paguem pelo seu conhecimento, pelo que tem a oferecer de mais valioso.

Agora, em nenhum desses casos você crescerá ou ficará rica sozinha. A prosperidade requer a criação de uma equipe, de atendimento ao cliente, ou seja, um ecossistema que gire o dinheiro e que receba os benefícios da multiplicação de talentos. É impossível crescer sem ser administradora, sem ser uma boa gestora.

Voltando para a minha história, foi exatamente o que eu fiz. Quando finalmente entendi que poderia vender produtos, serviços e também o meu conhecimento e a minha expertise, passei a escalar mais o meu negócio de uma maneira completamente nova. Foi isso, também, que me trouxe a possibilidade de fazer as viagens que comentei no início do capítulo. Enquanto estava viajando, os meus negócios continuavam rodando sem a minha presença e os meus cursos continuavam sendo vendidos.

Então preciso que você entenda que tudo está convergindo ao ato de ter o negócio trabalhando para você. Você eleva os resultados do seu negócio e depois desenvolve a etapa em que oferece infoprodutos. Empresas que vendem produtos ou serviços podem ser escaláveis, você só precisa encontrar o caminho. Agora você já tem todas as ferramentas, basta entender *como*.

E não se esqueça: presença on-line é uma das bases desse processo. Redes sociais como Instagram, LinkedIn, TikTok, Telegram, X, Threads e muitas outras que ainda aparecerão trazem possibilidades gigantescas para que você faça essa virada de chave. Você cria a sua presença on-line, posta conteúdo autêntico e conectado com a sua área de atuação e gera autoridade. Com ela, você terá a possibilidade de vender seus produtos, seus serviços, o seu conhecimento e o seu talento de modo mais assertivo. E assim a roda da riqueza gira com mais velocidade!

Exercício: gire a roda

Nosso último exercício será para você aplicar os pilares que vimos até agora. Quero que trace planos de ação detalhados para cada um dos temas que vimos. Use a sua imaginação! Essas atitudes podem ser desde o investimento em determinados conhecimentos até a elaboração de um plano para ter mais presença digital e planejar uma maneira de vender o seu conhecimento. Vamos lá!

Negócio autogerenciável

1. ....

....

....

2. ....

....

....

3. ....

....

....

Faça o dinheiro trabalhar para você

1. ....

....

....

2. ....

....

....

3. ....

Venda o seu conhecimento e talento

1. ....

2. ....

3. ....

Chegar até aqui foi um processo imensamente recompensador para mim. Tenho certeza de que você está com todas as ferramentas para despertar a mulher rica que existe em você. Mas, antes de terminar a leitura, há uma última etapa sobre a qual precisamos conversar, para fechar essa jornada com chave de ouro... vejo você na próxima página!

CONCLUSÃO

O fim da nossa jornada, o começo da sua

Escrever este livro mudou a minha vida. Espero que tenha mudado a sua também! Meu desejo é que essa mensagem chegue a milhões de mulheres para que elas possam ter as ferramentas certas para despertar a mulher rica e próspera que existe em cada uma. Por ter uma missão que preenche o meu coração, estou muito orgulhosa de você ter ficado comigo até o fim. Então, se você gostou, passe essa mensagem adiante, presenteie a sua mãe, a sua filha, uma colega de trabalho ou uma amiga com esse conteúdo. Adquira outros exemplares e entregue para as mulheres ao seu redor. Quanto mais tivermos informações, mais livres estaremos para fazer nossas próprias escolhas.

Em muitos momentos, me lembro dos meus dias difíceis tendo que contar o dinheiro para o supermercado e decidindo trabalhar em vez de voltar para casa porque não conseguiria pagar a passagem do ônibus. Depois dessa fase, me lembro também de quão libertador foi empreender e fazer diferente em minha família. Por fim, a escassez voltou para a minha vida e percebi que isso só aconteceu porque eu precisava transformar a minha mentalidade.

Hoje, transformada, sei que preciso cumprir meu papel transformando e tocando a vida de outras mulheres. Começando pela sua! Isso mesmo, estou falando com você que está lendo este livro agora, que está segurando as páginas desse projeto que construí com tanto carinho e dedicação. Talvez você esteja emocionada e com lágrimas nos olhos por ter chegado ao fim da jornada, pois saiba que eu, com certeza, estou! Parabéns por ter chegado ao final, essa é uma caraterística dos vitoriosos, terminar o que começaram.

Eu não estou somente emocionada e orgulhosa, mas sinto também muita alegria e esperança em meu coração, pois tenho certeza de que você já começou a mudar a sua história. Posso pedir um favor? Abra o meu Instagram **@keniagamaoficial** e me fale o que você está sentindo agora.

Tenha muito claro quão merecedora da riqueza você é. Tenha muito claro que existe uma mulher rica dentro de você, basta libertá-la. Sempre que sentir necessidade, volte para os capítulos, refaça os exercícios e busque se desenvolver. Com um passo de cada vez, uma decisão de cada vez, uma meta de cada vez, você construirá um castelo.

Lembre-se de que a maior riqueza ou a maior escassez não está fora, está dentro de nós e de que se o seu coração não for próspero, seu bolso nunca será.

Para mim, este é o fim do arquivo do livro que levará você ao próximo nível. Para você, é o começo de uma nova vida, uma nova jornada. Então viva-a! Prospere!

Por fim, eu desejo o shalom, a plenitude, o nada faltando, nada quebrado e nada fora do lugar na sua vida!

Com amor.
Kênia Gama

Este livro foi impresso pela Gráfica Assahi em papel Lux Cream 70 g/m² em novembro de 2023.